U0274521

新时代·教育新方法

三步极简学习法

考试高分突破

刘涛 著

清华大学出版社
北京

内 容 简 介

学习是什么？对于这个问题，可能每个人都有不同的答案。但是，学习的本质是一样的，都是把不会的变成会的。作为一个学习者，首先要发现自己不会的东西，然后努力去理解它，复习和巩固它，最终掌握它，应用它。这就是学习最基本的过程，也是本书所述三步极简学习法的核心思想。

本书首先阐述了三步极简学习法的原理以及每一步的详细操作步骤，然后讲解了如何在日常学习场景中使用三步极简学习法。在书的后半部分，探讨了如何成为一名成熟的学习者，实现高效、专注、持续地学习。书中针对不同学科的特点给出了具体的提高成绩的建议，对一些高频疑难问题进行了解答。无论是初次接触三步极简学习法的读者，还是已经了解该方法但仍需深化学习的读者，本书都能够提供有效的帮助和指导。

本书共分九章，涵盖的内容有学习模式、三步极简学习法概述、寻找问题、精细加工、深度消化、三步极简学习法在学习各环节中的应用、成为成熟的学习者、不同科目的高效提升，以及家长学生的高频问题。

对于想提高学习效率，或者想帮助孩子提高学习能力的读者，特别是中小学生，本书都值得一读。鉴于小学生的认知能力还不够成熟，家长可以利用本书提供的方法帮助孩子学习。掌握了本书介绍的学习方法，你会更加自信和有效地面对学习中的挑战。

图书在版编目（CIP）数据

三步极简学习法：考试高分突破 / 刘涛著 . —北京：清华大学出版社，2023.11
（新时代·教育新方法）
ISBN 978-7-302-64556-6

Ⅰ.①三… Ⅱ.①刘… Ⅲ.①学习方法 Ⅳ.① G442

中国国家版本馆 CIP 数据核字 (2023) 第 171082 号

责任编辑： 刘 洋
封面设计： 徐 超
版式设计： 方加青
责任校对： 王荣静
责任印制： 丛怀宇

出版发行： 清华大学出版社
    网 址： http://www.tup.com.cn, http://www.wqbook.com
    地 址： 北京清华大学学研大厦 A 座   **邮 编：** 100084
    社 总 机： 010-83470000   **邮 购：** 010-62786544
    投稿与读者服务： 010-62776969，c-service@tup.tsinghua.edu.cn
    质 量 反 馈： 010-62772015，zhiliang@tup.tsinghua.edu.cn
印 装 者： 大厂回族自治县彩虹印刷有限公司
经 销： 全国新华书店
开 本： 148mm×210mm   **印 张：** 7.75   **字 数：** 191 千字
版 次： 2023 年 12 月第 1 版   **印 次：** 2023 年 12 月第 1 次印刷
定 价： 69.00 元

产品编号：099580-01

前 言

小学的学霸

小学的时候，我是班里的学霸，成绩一直保持班级第一。记得有一次数学考试，题特别难，我考了 80 多分，第二名只有 50 多分，老师和同学们都惊呆了。那时的我妥妥地就是别人家的小孩。

上了初中之后，随着学习难度的不断提高，我的成绩逐渐下滑。刚上初中的时候，我还是班级前几名，但很快就下滑到班级的中游水平。当时我也不知道为什么会这样，只是感到很沮丧。我渐渐意识到，依靠天赋是无法保持好成绩的，甚至一度怀疑自己是否真的很聪明。

我没有放弃，而是选择了加倍努力。我以为，只要认真听讲，认真抄笔记，认真整理复习资料，就一定能够取得好成绩。然而，整个中学时代，我的成绩并没有什么起色，最好的时候也只是班级前 20 名。我勉强考上了高中。那时的高中分快慢班，我没有悬念地被分到了慢班，一直到高二，我都过得浑浑噩噩。

🔖 我意识到一个问题

到了高二下学期，我忽然意识到一个问题：那些真正考得好的同学，看起来学习并不是那么吃力，而我们班最努力的一个同学，每天寝室熄灯之后都会在走廊里继续学到十一二点，成绩却一直是中游，尤其在某些科目上总是考得一塌糊涂。

我开始反思自己的学习方法是不是也有些问题。于是我开始研究学习方法，阅读了一些书籍和文章，咨询了老师和一些成绩好的同学。最终，我了解到许多有效的学习方法，比如，如何预习、如何复习、如何做笔记等。我试着在学习中应用这些方法，经过一段时间的尝试和摸索，终于找到了适合自己的学习方法。逐渐地，我的成绩有了起色，高三的时候更是直线上升，每一次都比上一次考得好。最后一次模拟考试，我取得了全班第一的好成绩，高考时我也取得了不错的成绩，考上了心仪的大学——大连理工大学。

这段经历让我深深地认识到学习方法的重要性，相对于埋头努力，学习方法才是学习成败的关键。正确的学习方法可以让我们事半功倍，而错误的学习方法则会让我们付出很多努力却得不到应有的结果。更重要的启示是，学习方法是可以通过学习和摸索不断改进的。如果我们每个人都能够找到适合自己的学习方法，那么学习就会变得更加高效、更加轻松，更容易取得好的成绩。

🔖 更简便、更高效、更系统

毕业之后，我一直不断地学习，学习了脑科学、认知学、教育学等方面的知识，尝试了不同的学习技巧和方法，参加了一些有关学习方法的培训课程。我发现，虽然学习方法不少，但很多人还是不知道怎样去学习。一些学习方法看似神奇，但方法本身太过复杂或反人性，使用这些方法，只会让人头痛不已，无所适从。而简单、易操作的学习方法才是最实用的。于是，我开始不断地追求更高效、更简便、更系统的学习方法，最终发展了一种简单易行的学习方法，即"三步极简学习法"。这个方法不难懂，使用起来不复杂，也不需要投入过多的时间和精力，只需要三个步骤，就能高效地学好任何课程。

两三年前，我开始在短视频平台分享我的学习方法，并接受学习者的咨询，希望能够帮助更多的人提高学习效率，实现自己的梦想。我的努力也确实影响了一部分人。比如我指导的一位初中学生，他之前对学习有种莫名的畏惧，但是三步极简学习法让他感觉特别好。他从之前的焦虑、混乱到现在对待学习更有条理，收获了很多。另一位高中生反馈，三步极简学习法使他渐渐走出迷雾，看似简单的方法，却好用到极致，且上手快，于是成就感爆棚，一下就找到了自信。兴奋、踏实、有把握、能胜任的感觉，是他一直想得却不可得的，现在他敢于去挑战以后学习中更大的问题了。还有一位家长说，原本想用这套方法陪孩子学习，孩子的数学用了大概2周时间进步了15名左右，没有想到的是，这位家长正好带新人学习，工作中也潜移默化地应用了三步极简学习法，发觉这真是一种高效的学习方法。类似的案例还有很多。

在本书中，我会详细介绍三步极简学习法的实施步骤和技巧，并且针对不同的学习场景和学科提供具体学习策略和方法。希望这本书能够帮助读者更好地掌握学习方法，让每一个学习者都能够用最简单、最有效的方法取得最好的学习效果。

目录
CONTENTS

第 1 章　好的学习模式，让学习从无序到有序

1.1　不要回避"分数"　/2

1.1.1　学习是一场修炼　/2

1.1.2　关于学习成绩的几个误区　/4

1.1.3　影响学习成绩的唯二因素　/6

1.2　打造自己的"学习模式"　/8

1.2.1　什么是模式　/8

1.2.2　学习模式让学习更高效　/11

第 2 章　三步极简学习法，让学习不再混乱

2.1　会吃饭就会学习　/14

2.1.1　三个步骤学会一切知识　/14

2.1.2　其他共同之处　/17

2.1.3　启动你的进步飞轮　/18

2.2　让学习开始高效　/20

2.2.1　为什么你需要极简学习法　/20

2.2.2　三步法是如何实现高效学习的　/21

第3章　第一步，寻找问题：精准解决问题，告别无效学习

3.1　问题点就是分数增长点　/26

3.1.1　没有问题就没有进步　/26

3.1.2　解决问题降低学习难度　/28

3.1.3　只盯问题提高学习效率　/29

3.2　问题的三大来源　/30

3.2.1　试卷——问题的第一大来源　/31

3.2.2　作业——问题的第二大来源　/33

3.2.3　预习——问题的第三大来源　/34

3.3　培养"问题意识"，让学习变得更主动　/35

3.3.1　像猫抓耗子一样抓住问题　/36

3.3.2　"是什么""为什么""怎么做"三类问题　/37

3.3.3　主动型问题和被动型问题　/38

3.3.4　面对问题要敢于"亮剑"　/39

第4章　第二步，精细加工：拆解问题，学会所有知识点

4.1　都能学会的解决问题的方法　/44

4.1.1　难题是怎么被解决的　/44

4.1.2　粉末化拆解，解决所有问题　/46

4.1.3　借助外力使精细加工更高效　/47

4.1.4　搞定难题的撒手锏：答案学习法　/51

4.2　精细加工的心态准备　/54

4.3　精细加工为什么高效　/55

第5章 第三步，深度消化：拉开差距，修炼高分内功

5.1 上课能听懂，一考就出错 /58

5.1.1 "学会"只是一种感觉 /58

5.1.2 打造你的"消化中心" /60

5.1.3 像烧开水一样把知识学透 /62

5.1.4 要学就学个"胸有成竹" /64

5.2 深度消化的方法（一）：高频回顾 /66

5.2.1 遗忘是非常残酷的 /66

5.2.2 为什么不要集中复习 /69

5.2.3 为什么不推荐艾宾浩斯记忆法 /71

5.2.4 高频回顾法的详细步骤 /72

5.3 深度消化的方法（二）：知识体系 /78

5.3.1 学习为什么会越来越累 /79

5.3.2 记忆是如何形成的 /81

5.3.3 不建议用记忆术提高成绩 /83

5.3.4 如何构建学科的知识体系 /85

5.3.5 让知识体系清晰起来 /85

5.3.6 知识体系化的终极状态：思维可视化 /86

5.3.7 构建知识体系的三个好处 /88

5.3.8 思维导图的几个误区 /88

5.4 深度消化的方法（三）：高效刷题 /90

5.4.1 盲目刷题的 4 种表现 /90

5.4.2 刷题的 5 个目的 /91

5.4.3 正确刷题的四个原则 /93

5.4.4 如何刷更少的题，涨更多的分 /94

5.4.5 做完题目之后的灵魂 5 问 /97

5.4.6　刷题中的特殊情况　/98

第 6 章　开始行动，提升各环节的学习效率

6.1　预习：正确预习的策略和方法　/102

6.1.1　为什么要预习　/102

6.1.2　假期如何预习　/104

6.1.3　周末如何预习　/106

6.1.4　平日如何预习　/106

6.1.5　学霸的检测式预习法　/107

6.2　听课：最大化提升上课效率　/108

6.2.1　为什么听课时学习效率低　/109

6.2.2　听课的任务是什么　/109

6.2.3　提高听课效率的技巧　/111

6.2.4　听课的进阶和退阶　/114

6.3　作业：轻松又高效地完成作业　/115

6.3.1　为什么做作业"压力山大"　/116

6.3.2　做作业的 3 个意义　/117

6.3.3　高效完成作业的方法　/118

6.3.4　进一步提高作业效率的秘诀　/119

6.3.5　作业确实过多怎么办　/120

6.4　考试：把"满分"作为基本要求　/122

6.4.1　考试是一种学习方式　/122

6.4.2　多轮刷卷＋满分意识　/123

6.4.3　怎样分析试卷　/124

6.5　复习：高效复习的原则和方法　/126

6.5.1　复习为何这么重要　/126

6.5.2　复习的意义是什么　/127

6.5.3　高效复习的 5 个原则　/128

6.5.4　平时、周末和考前分别要怎样复习　/131

第 7 章　持续学习，成为成熟的学习者

7.1　不成熟学习者的三个特征　/134

7.1.1　认知模糊，缺乏方法　/134

7.1.2　学习不够专注　/135

7.1.3　学习动力不足　/137

7.2　清晰认知，让学习不再迷茫　/138

7.2.1　对学习清晰的认知　/138

7.2.2　成为学霸的 6 个意识　/139

7.3　高度专注，1 小时学出 5 小时的效果　/141

7.3.1　为什么专注力这么重要　/141

7.3.2　比专注更专注的心流状态　/142

7.3.3　怎么进入心流状态　/143

7.3.4　专注学习的超级番茄法　/145

7.4　持续学习，塑造更好的自己　/150

7.4.1　赋予学习一个独一无二的意义　/151

7.4.2　如何找到学习的意义　/152

7.4.3　胜利者效应，让成功带来成功　/154

7.4.4　启动成功循环，助你勇攀高峰　/156

7.4.5　学习路上的"快乐"来源　/158

7.4.6　消除学习中的焦虑和浮躁　/159

第8章 科目分析，让各科提分更精准

8.1 数学怎么学 /164

8.1.1 数学到底难在哪儿 /164

8.1.2 学好数学的 3 个层次 /165

8.1.3 学好数学的 3 个步骤 /165

8.1.4 如何夯实基础知识 /166

8.1.5 逐个搞定题型，提升解题能力 /167

8.1.6 多轮刷卷法，短时间全面冲刺 /167

8.1.7 数学基本功怎么练 /168

8.2 英语怎么学 /169

8.2.1 英语难在哪儿 /169

8.2.2 如何有效搞定单词 /169

8.2.3 如何有效练习听力 /172

8.2.4 如何有效练习阅读 /173

8.2.5 如何有效练习写作 /174

8.3 语文怎么学 /175

8.3.1 语文的特点 /175

8.3.2 基础知识的积累 /176

8.3.3 阅读的有效积累 /176

8.3.4 写作的有效积累 /177

8.4 物理怎么学 /183

8.4.1 物理的特点 /183

8.4.2 基础知识的积累 /184

8.4.3 刷题加深理解 /185

8.5 化学和生物怎么学 /186

8.5.1 化学和生物的特点 /186

8.5.2　基础知识的积累　/186

8.5.3　有效刷题　/187

8.6　政治历史地理怎么学　/188

8.6.1　学科特点和答题方法　/188

8.6.2　把握脉络，加速学习　/189

8.6.3　错题如何处理　/191

第 9 章　高频疑难问题解答

9.1　与学习效率相关的问题　/194

9.1.1　听觉型学习者怎么高效学习　/194

9.1.2　哪些是浪费时间的学习方法　/194

9.1.3　差生怎么实现稳步提升　/195

9.1.4　为什么有的东西总是记不住　/195

9.1.5　具体怎么提取记忆呢　/196

9.1.6　如何轻松背诵大段文章　/197

9.1.7　一个人怎么使用费曼学习法　/198

9.1.8　怎么利用睡眠来学习　/198

9.1.9　阅读速度很慢怎么办　/199

9.1.10　严重偏科怎么办　/199

9.1.11　所有科目都差怎么办　/200

9.1.12　为什么总说把平时的作业当成考试　/200

9.1.13　难题要不要死磕　/201

9.1.14　如何利用假期快速冲刺　/201

9.1.15　成绩不好要不要补课　/201

9.1.16　可不可以用手机搜题呢　/202

9.1.17　怎么上好网课　/202

9.1.18 怎么提升考前复习的效率 /203

9.1.19 怎么快速搞定某一类题型 /203

9.2 与学习状态相关的问题 /204

9.2.1 如何提升专注力 /204

9.2.2 考试紧张怎么办 /204

9.2.3 学累了怎么办 /205

9.2.4 怎样提高学习的主动性 /206

9.2.5 为什么习惯比毅力重要 /206

9.2.6 怎样提高自控力 /207

9.2.7 为什么玩游戏这么让人着迷 /207

9.2.8 怎么戒掉游戏 /207

9.2.9 熬夜学习值得吗 /208

9.2.10 考试时"粗心"丢分怎么办 /208

9.2.11 为什么越自律越自由 /209

9.2.12 怎样克服懒惰呢 /209

9.2.13 学习为什么费劲呢 /210

9.2.14 学习有什么意义 /210

9.2.15 怎么快速进入学习状态 /211

9.2.16 考前如何保持好的状态 /212

9.3 针对不同年级的问题 /212

9.3.1 小学阶段应该盯什么 /212

9.3.2 小学的大致规划是什么 /213

9.3.3 小学生怎样预习呢 /214

9.3.4 小学生时间感知差怎么办 /215

9.3.5 小学有必要提前学小四门吗 /215

9.3.6 小学的数学怎么提高 /216

9.3.7 初一科目太多了，学不过来怎么办 /217

9.3.8 为什么初二很关键 /217

9.3.9 初一初二没学好，初三还有希望吗 /218

9.3.10 初中生理科学不好怎么办 /218

9.3.11 高中的节奏大致是什么样的 /219

9.4 家长比较关心的问题 /219

9.4.1 家长怎样引导孩子用三步极简学习法 /219

9.4.2 孩子怎么才算开窍了 /220

9.4.3 孩子学习没有动力怎么办 /221

9.4.4 如何让孩子爱上学习 /222

9.4.5 如何让孩子逐渐养成自主学习的习惯 /222

9.4.6 孩子不跟家长沟通了怎么办 /223

9.4.7 如何跟孩子的老师搞好关系 /223

9.4.8 为什么要养成阅读的习惯 /224

9.4.9 怎样让孩子养成爱阅读的习惯 /224

9.4.10 孩子老是写错字怎么办 /225

9.4.11 总夸孩子好吗 /225

9.4.12 答题卡涂错怎么办 /226

9.4.13 如何陪孩子学习 /226

9.4.14 为什么只有主动学习才会有好成绩 /227

9.4.15 孩子叛逆不听话怎么办 /227

9.4.16 要不要让孩子超前学习 /228

9.4.17 孩子写作业总磨蹭怎么办 /228

第1章

好的学习模式，让学习从无序到有序

这一章，我们先摒除一些关于学习的杂乱的声音，澄清学习上的一些误区，并且弄清楚影响学习成绩的因素是什么，把焦点拉回"绕不过去的分数"上面。然后，我们来聊一下"学习模式"的概念。我认为，有没有一个好的学习模式，是学习能否从"混乱状态"过度到"有序状态"，并提高效率的关键所在。

1.1 不要回避"分数"

不管你喜不喜欢，学校的考试、各种竞赛以及将来的升学、就业都与分数息息相关。分数作为一个重要的评价标准，在学习中是绕不过去的。有些人可能会下意识地回避分数，认为过多关注分数会影响学习的动力和积极性，甚至会对心态造成负面影响。但其实，正确地看待分数可以帮助你更好地制订学习计划、改良学习方法，进而提高学习效率和成绩。毕竟，成绩才是衡量学习表现的最重要的指标。

📖 1.1.1 学习是一场修炼

关于教育，我们的耳边一直充斥着很多不同的声音。比如，时不时就会有人讨论是应试教育好，还是素质教育好。一部分人的观点是：应试教育过于死板，考第一的学生反而不能很好地适应社会。他们把只会刷题的人叫作"小镇做题家"，认为"小镇做题家"们长大之后只会做题，肯定比不上经历过良好素质教育的人。还有人说现在学校教的知识都过时了，进入社会基本用不上。但也有人说应试教育才是最公平的，是寒门学子翻身的唯一途径。

社会上也有很多让人眼花缭乱的现象，不断冲击我们的价值观。比如，某博士生为了多赚点钱补贴家用兼职送外卖。被曝光之后，居然有不少博士生过来请教送外卖的经验。有的人没有获得什么文凭，但是通过自己努力也赚了不少钱，开豪车住别墅。所以有些人就得出结论：学历是没什么用的。但是也有人用一生的经历证明了学历的意义。也有人 10 年之前通过交白卷的方式表达对教育制度的不满，10 年之后，生活所迫，他不得不重新拿起课本，再战高考。

有关教育的声音和现象还有很多很多，而且它们已经存在了很长一段时间，根据一般规律，一定还会继续存在很长时间。

为什么聊这个呢？因为现在人们的价值观越来越多元化，而且作为声音放大器的媒体也越来越强大，让人变得越发浮躁不安。在这样的环境下，静下心来学习似乎成了一件越来越不容易的事情了。尤其是正处于价值观形成时期的学生，越来越有自己的主见，越来越想探寻"学习的意义"，因此很容易受到一些声音和现象的影响。

其实我们不应该去争论这些观点孰是孰非，毕竟存在的就是合理的。但作为学生，要摆正对学习的看法，端正学习态度。不用管谁说了什么，做了什么，没有必要纠结辛辛苦苦学到的知识以后能不能用得上这类问题。把学习当成历练，当成修行，或者只是躲不掉，而且正在努力做的"一件事"就好了。既然躲不掉，那我们就应该把它做好，因为把一件事情做好总归没有错！

对于绝大部分学生来说，大家有同样的学习年限、统一的教学大纲、统一的试卷和最公平的评分机制，衡量最终学习成果的唯一标准就是分数。

在学生时代，当然可以拥有快乐的童年、丰富的体验，学习更多技能，获得更多历练，开阔眼界，也可以交上很多朋友，获得珍贵的友谊。但是，作为学生，唯一不能回避的就是"分数"，唯一不能不考虑的问题就是"怎么以更高的分数通过考试"。

📖 1.1.2 关于学习成绩的几个误区

误区一：成绩不好是因为不够努力

努力是一种非常优秀的品质，能体现一个人的自控力和意志力，但是努力一定和成绩成正比吗？咨询过我的很多学生都发现，明明自己一直很刻苦、很认真地在学习，但成绩就是止步不前；而有些同学看起来并没有那么努力，每次的考试成绩反而很好。

学习是讲究方法的。就好比游泳，如果没有学过换气的方法，没练习过漂浮的技能，你游不了多远就会耗尽体力。但是如果掌握了方法，你就可以游得随心所欲，甚至不费什么力气就可以长时间漂浮在水中。对于学习这件事情，从孔子、苏格拉底，一直到近现代发展出教育学、教育心理学、认知心理学、发展心理学等学科的很多大教育学家，提出了相当多的学习理论。从行为主义、认知主义、建构主义，再到人本主义，揭示了很多教学规律。学习早已不是什么玄学，而是有规律可循的科学。符合学习规律的做法就是事半功倍的，违背学习规律的做法就是事倍功半的。

误区二：成绩不好是因为老师教得不好

这里就得分清三个角色——学生、老师和家长各自的地位。学校老师起主导作用，主导教育内容、把握培养方向、控制学习进度、评价学习结果。学生是学习的主体，根据建构主义理论，"知识能且只能被学习者主动构建"。家庭教育是学校教育非常重要的补充。因为我们国家实行班级授课制度，批量生产人才的效率是非常高的，但这不利于因材施教。老师要对所有学生负责，一个班如果有 50 个人，一个孩子只能分到老师五十分之一的精力。而能给予孩子一对一、个性化关注的只有家长。家长不能代替孩子学习，也不能放任不管，最适合的角色就是"学习的教练"。家长可以在学习方法、学习策略、学习习惯上给予孩子关注和指导，来弥补学校教育的不足。

误区三：成绩不好是因为没有补课

一个人如果因为消化不良而导致营养跟不上，生长缓慢，那么他是应该吃更多的食物呢，还是先改善自身的消化问题呢？答案很明显，肯定先要改善自身的消化问题，否则即便吃再多的食物，营养不良的情况也不会有好转，甚至还可能厌食，导致身体越来越差。学习也是一样的，大部分学生成绩不好，不是因为学习的内容不够多，而是因为对于学过的东西消化吸收得不够好。所以与其考虑通过补课来提高成绩，不如问一下自己，书本上的知识点掌握了吗？作业中的题目熟悉了吗？考试的试卷复盘了吗？错题弄懂了吗？你会发现，你需要的不是去填充更多的学习内容，而是把学过的内容更好地消化吸收。充分利用学校的资源，多多请教老师和同学，比每天增加一两个小时的补课时间更有效。

误区四：成绩不好是因为记忆力差、注意力不集中

"记忆力不好、注意力不集中"是常见的学习成绩不好的"背锅侠"。这里就涉及"归因"问题了。一个问题，可能有很多个关联因素，找到正确的归因对解决这个问题起很大作用。影响成绩的因素有很多，记忆力和注意力只是其中的两个。它们共同的特点是都属于内部的、相对稳定而且不太可控的因素。也就是说，这两个因素改善起来难度比较大，往往投入很大，见效甚微。

更何况，抛开极少部分天资特别聪颖的人和极少部分先天有缺陷的人，绝大部分人的注意力等先天条件的差别其实并没有那么大。学霸并不见得比别人的大脑更聪明，所谓的学渣的大脑也差不

到哪里去。套用一句网络流行语来说："以大多数人的努力程度之低，根本轮不到拼天赋。"

另外要分清什么是核心因素，什么是外围因素。跟成绩紧密相连、直接相关的因素就是核心因素；跟成绩关系不是那么大的因素，或者是间接的因素就是外围因素。做事情肯定要先抓核心再抓外围。打仗的目的是消灭敌人有生力量，学习的目的就是要消灭问题，生成知识。所以跟问题直接相关的、跟知识直接相关的才是提高成绩的核心因素，其他的都是外围因素。换句话说，想通过提升记忆力和专注力提升成绩，有帮助，但并不直接，作用有限。

📖 1.1.3 影响学习成绩的唯二因素

那么，学习成绩是怎么提升的呢？这里给出一个公式：学习成绩 = 学习效率 × 学习时长，如图 1.1 所示。影响学习成绩的两个必不可少的重要因素："学习效率"和"学习时长"都是不可或缺的。

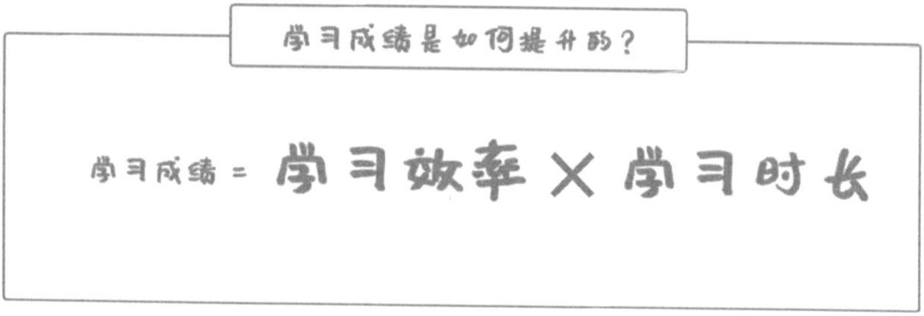

图 1.1 学习成绩公式

我们先看学习效率。

学习效率是一个衡量学习能力的重要指标。通俗地说，学习效率是在一定时间内获取的知识量和获取知识的能力。这个指标是用学习内容除以学习时间来计算的，即学习效率 = 学习内容 ÷ 学习时间。因此，学习效率的高低可以通过比较学习内容的多少和学习时间的长短来判断。如果学习者在同样的时间内学习的内容更多，或者学习同样的内容所用的时间更短，那么说明他的学习效率就更高；反之，如果学习内容较少或学习时间较长，则学习效率较低。学习效率高的学习者通常具有较快的学习速度，从而能够更快地掌握新知识和技能。

为什么学习效率这么重要呢？首先，学生的学习效率普遍不高。而考试，基本上都是选拔性质的，所以如果一个学生能够提高自己的学习效率，在有限的时间内学到更多的知识和技能，那就相当于吃到了一波红利，可以直接提高成绩排名。

其次，学习效率的提高不仅对于直接提高成绩具有积极影响，而且还对学习者的学习兴趣和专注度产生正面影响。相较于传统意义上的"苦学"和"死学"，提高学习效率带来的好处是，学习者可以比其他人更早地获得正向反馈，例如内心的成就感和来自外界的称赞。这种正向反馈会增强学习者的自信心，从而使其对学习产生兴趣，更愿意在学习上投入精力，进而提高学习速度。这样就会形成一个良性的正向循环，使学习者不断取得进步。

最后，提高学习效率对我们的人生大有裨益。当前，社会分工正在不断细化，新的行业不断涌现，就像一个不断膨胀的气球，被不断充气，它的表面积不断扩大。社会的多元化将导致各行各业面临前所未有的新挑战，仅仅依靠原有的经验是难以应对的。因此，更快地学习更多新知识成为必需。而提高学习效率，就是提高学习能力，提高学习能力对未来的工作、事业甚至整个人生都是非常重要的。

我们再来谈论学习时长的重要性。

在所有学习者的学习效率都相同的情况下，学习时长将成为影响最终成绩的关键因素。学习时长体现了一个人的持久精力和毅力，长时间坚持学习才能最终取得更高的学习成绩。换句话说，学习时长代表了"持续行动力"，坚持不懈的行动才能够带来最终的成果。

用爬山作为比喻，我们可以发现，在爬山之前，你需要了解一些关于登山的基本知识，例如登山的正确姿势：全脚掌踩在地面上，双腿略微弯曲，控制步伐和步速，每隔一小时休息十分钟等。此外，你还需要准备好登山所需的装备，例如背包、登山鞋、手电筒、防护眼镜等。但是，让你实际登上山顶的不是以上知识与装备，而是为了实现目标不断调整自己的状态，一步一步爬到山顶的"实际行动"。换句话说，仅仅提高认知水平是不能带来实际结果的，短暂的行动同样无法产生什么效果，只有长期持续不断的行动才能带来真正的改变。学习同样如此，想要取得更好的学习成绩，提高学习效率仅仅是第一步，还需要坚定的决心和持之以恒的意识才能带来持续的进步。本书的第七章将探讨"持续学习"这个问题，并给出成为一个"成熟学习者"的相关建议。

现在回过头来看一下这个公式：学习成绩 = 学习效率 × 学习时长，应该就不难理解了。学习成绩是由学习效率和学习时长共同决定的。如果学习效率高，在相同的学习时长内，就可以获得更好的学习成绩；如果学习效率是固定的，也可以通过增加学习时间来提高学习成绩。所以，提高学习效率和增加学习时长都是提高学习成绩的重要途径。

1.2　打造自己的"学习模式"

📖 1.2.1　什么是模式

模式是解决某一类问题时可以重复使用的、标准化的一套方法。我们之所以能够轻松地完成一项任务，不至于陷入混乱或者拖延，是因为我们了解这项任务的解决方法和操作步骤，也就是说我们知道这项任务的处理模式。一个好的模式可以帮助我们更好地掌握知识、学习技能、提高做事的效率。下面通过三个例子来进一步说明。

▶ 先来看系鞋带的例子。

系鞋带是我们最常见的行为之一，我们都知道鞋带是怎么系的，而且每个人都有自己系鞋带的方法，例如：

（1）拉直鞋带：将两端的鞋带拿起来，把鞋带拉直，确保两端的长度是一致的。

（2）穿过孔洞：将一边的鞋带从上方穿入孔洞，另一端从下方穿入孔洞，两端都穿过去之后再拉紧。

（3）打个结：将两端的鞋带交叉，将左边的鞋带放在右边鞋带的上方，右边的鞋带放在左边的鞋带下方，用右手将左边的鞋带穿过去，再用左手将右边的鞋带穿过去，拉紧即可。

▶ 再来看炒菜的例子。

炒菜的具体过程是这样的：

（1）准备材料：选择需要的食材，洗干净并处理好备用。

（2）热锅加油：将锅放在火上，加入适量的油，等待油温升高之后放入食材。

（3）翻炒熟透：不断翻炒，保证食材受热均匀，直到熟透。

▶ 最后来看修手机的例子。

如果手机出现故障，除非是专业人士，否则大部分人都不知道怎么修理，甚至连手机盖都打不开。因为一般人的大脑中没有修手机的模式。一个专业修手机的师傅会这么操作：

（1）检查故障：检查手机出现的问题，例如不能开机、屏幕损坏、信号不好等。

（2）排查原因：找到故障点后，逐一排查，确定造成故障的具体原因。比如，手机无法开机，需要检查是否电池有问题；手机信号不好，需要检查信号线是否接触不良，等等。

（3）更换部件：根据故障原因找到需要更换的部件并使用专业工具进行更换，完成手机的维修。

可以看出，如果做事情有模式，就代表着从无序变得有序（如图1.2所示），而有序就是高效的前提。它至少有下面几个好处：

（1）提高效率：掌握了某种模式之后，我们能够更加高效地完成一项任务，因为我们可以通过标准化的步骤来避免重复劳动，降低出错概率，减少时间和精力浪费。

（2）稳定可靠：通过不断练习和使用固定模式，我们可以更好地掌握和理解模式，这使得我们在完成任务时行动更加稳定可靠，避免出现偏差或失误。

（3）提高自信：掌握了某种模式后，我们会变得更加自信，因为我们知道自己能够胜任这个任务，以及怎样应对面临的任务，更加从容地面对挑战。

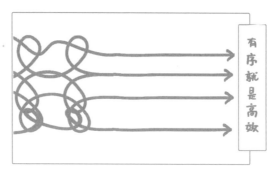

图1.2　有序就是高效

📖 1.2.2　学习模式让学习更高效

学习与上述例子类似，也有特定的步骤，可以形成学习的模式。学习模式也可以使学习从无序变得有序，从而提高效率。你会发现，有自己学习模式的学生，面对学习的时候是得心应手的。而没有学习模式的学生，学习毫无章法，而且随着学习难度的提升、压力的增加，他的学习会出现熵增（见本章末小贴士）现象，出现各种负面情绪，从而导致学习效率持续低下，失去学习兴趣。所以，一个好的学习模式不但可以解决不会学的问题，也能够解决不爱学的问题。一个好的学习模式应该满足以下几个特点，如图1.3所示。

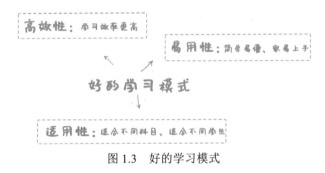

图 1.3　好的学习模式

1. 高效性

好的学习模式第一个特点当然就是高效性了。一个好的学习模式，应该有科学的学习原理作为支撑。这样可以减少学习过程中不必要的时间和精力的投入，尽量针对影响学习成绩的核心问题提高学习效率。

2. 易用性

学习者不仅要面对很多学习科目、学习内容，还要适应各种学习环境，以及克服学习过程中产生的各种心理上的负担，因此学习是件非常复杂的事情。一个好的学习模式应具有易用性的特点，降低学习的复杂度。如果学习模式本身就比较复杂，难以上手，就会适得其反，也很难持续下去，得不偿失。

3. 适用性

一个好的学习模式应具有适用性的特点，其覆盖面越大越好。要尽量适合所有科目，适合不同学习程度的学生，覆盖所有学习环节。很多学习方法只能解决某一个学习环节上的问题。比如说康奈尔笔记法，可以提升课堂吸收效率；费曼学习法，可以加深知识掌握程度；记忆宫殿法，可以提高记忆速度。这些方法都很好，但是不同的学习方法之间可能会产生冲突，很难结合起来。从整体来看，提升学习效率作用有限。这就是单一学习方法和学习模式的区别。

接下来介绍的"三步极简学习法"就是一个经过验证的、高效的、容易上手的、涵盖整个学习环节的，并且可以大概率提分的学习模式。也可以这么说，使用三步极简学习法去学习，进步是必然的。

小贴士

熵就是一件事物的混乱程度。世上所有的事物，从有机物到无机物，从生命到非生命，都逃不过熵增定律。所以熵增定律被称为宇宙的绝望定律。熵增定律不仅存在于物质层面，也存在于精神层面，我们做一件事情往往会有一些情绪上的反应，比如烦躁、畏惧、痛苦，这些都是内在秩序被打破，精神熵增加的表现。

第 2 章

三步极简学习法，让学习不再混乱

　　本章我们将概括介绍"三步极简学习法"。这个方法通过三个简单的步骤，帮助你从学习的本质出发，让你在学习时不再感到混乱和无从下手。三步极简学习法不仅能够帮助你更加高效地掌握知识，还可以让你在学习过程中体会到更多的从容和自信，让你游刃有余地应对学习的挑战。

2.1 会吃饭就会学习

学习和吃饭看似毫不相干，实际有相通之处。从本质上讲，吃饭和学习都是把外界的东西变成自己的。吃饭是把食物填进肚子里，经过消化，变成可被身体吸收的养分，维持身体的正常运转；学习则是把知识装进大脑，经过理解巩固，变成自己知识体系的一部分，提升个人能力和素质，满足我们的生存和发展需求。两者有很多相似之处，都需要遵循一定的规律和方法。

📖 2.1.1 三个步骤学会一切知识

学习和吃饭很像，你会吃饭，就会学习！

吃饭的三个步骤，如图 2.1 所示。

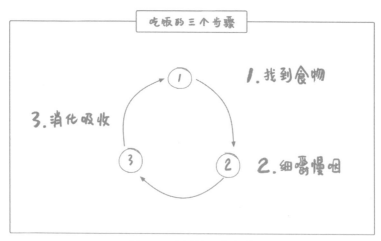

图 2.1　吃饭的三个步骤

1. 找到食物：这是吃饭的前提，没有食物就没有能量来源。

2. 细嚼慢咽：这是吃饭的方式，可以让食物更容易被消化，也可以品尝食物的味道。

3. 消化吸收：这是吃饭的结果，可以让食物中的营养物质进入血液，供给身体各个部分所需。

同样的，学习也有三个步骤，如图 2.2 所示。

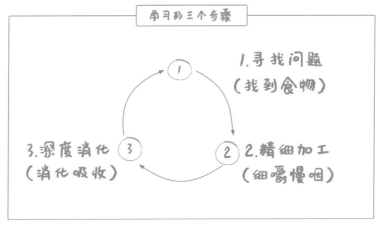

图 2.2　学习的三个步骤

1. 寻找问题：寻找问题就好比找食物的过程，找到那些能让你进步的问题，这是学习的前提，没有问题就没有学习的方向和动力。

2. 精细加工：精细加工就好比细嚼慢咽食物的过程，可以让问题变得更加清晰易懂，对相关知识的理解也会更加深入。

3. 深度消化：深度消化就好比食物在肚子里被消化吸收，从而给身体提供能量的过程一样，深度消化可以让知识变成自己的技能，用来解决更多的问题。

下面，我们用两个具体的例子来说明三步学习法。

例一，学习数学。

第一步：寻找问题

比如碰到一个方程式不会求解，那么解这个方程式就是你碰到的问题，把这个问题变成知识，你才能进步，所以找到这个问题是第一步。

第二步：精细加工

当你觉得这个方程式很难的时候，你需要分解它，把大问题变成小问题。仔细分析方程中的每个部分，找到相关的数学公式和概念，理解方程的结构和求解的过程，一步步解决，问题才能从不理解到理解，解决问题的方法也从模糊到清晰。

第三步：深度消化

解出这个方程式后，你需要对解决问题过程中学到的知识、用到的技巧进行深度消化，让记忆更加深刻和牢固。

例二，学习英语。

第一步：寻找问题

在学习英语的过程中，你碰到某个句子里有不理解的语法规则，这就是问题。

第二步：对不理解的语法规则精细加工

去查一下这个语法规则的含义和用法，这个语法规则的变形和例外情况，等等，深入理解它。

第三步：深度消化

搞懂了这个语法规则之后，花时间消化巩固，让这个知识的印象不断得到加深，最终变成你知识体系的一部分。

学习语文、历史、生物、地理等任何学科都一样。三步极简学习法的核心就在于寻找问题、精细加工和深度消化。这三个步骤相互关联，没有一个步骤是可以省略的。如果缺少"寻找问题"这个步骤，学习就会无效，因为你无法找到能够帮助你进步的关键点。如果没有"精细加工"这个步骤，你会缺乏深入理解，漏掉重要的细节，你的知识便不成体系。而没有"深度消化"这个步骤，就会导致遗忘和技能消失，所学知识将不会得到真正的掌握和应用。只有通过这三个步骤，我们才可以更加高效地学习知识，提升学习效率，实现真正的进步。

📖 2.1.2　其他共同之处

有些问题放在学习上不好解答，但是替换成吃饭就一目了然。

比如："为什么学习者自己要有动机？"因为学习跟吃饭类似，吃饭有"食欲"，学习有"动机"。当你食欲不振的时候，虽然勉强能吃下东西去，但并不会觉得这是一种享受，再好吃的美味你都会觉得味同嚼蜡。同理，没有学习动机，学习起来也会觉得索然无味，偶尔一次两次不想学习没有什么关系，但如果一直处于缺乏学习动机的状态，学习者迟早会丧失对学习的兴趣。

再比如："学习为什么要缓慢消化？"这也跟吃饭一样，如果吃的是稀粥，肯定比较容易消化，如果吃的是大鱼大肉，就不太好消化了。但是不管吃什么，都必须要先消化。如果放任不消化的东西在体内堆积，其结果就是消化不良，吃不下东西。学习也是一样，放任没有理解透的知识越积越多，也会"消化"不良，很难吸收新的知识。所以遇到觉得难以理解的材料，就像吃了不好消化的东西一样，需要长时间反复地琢磨，透彻地理解，最后融会贯通，变成自己的东西。

再比如："为什么要培养好的学习习惯？"仍然跟吃饭一样，吃饭有吃饭的习惯：每天定时定点定量，用什么工具吃饭，是用筷子还是用刀叉，什么样的进食顺序，是边喝汤边吃米饭，是先吃沙拉还是先吃主食，还有为了健康，吃饭之前要洗手，等等。虽然吃饭的步骤很烦琐，准备食物，准备碗筷，洗手，吃完饭要收拾碗筷、擦桌子，很多事情要做，但是养成习惯之后，并没有那么慌乱、不知所措，反倒是很自然，也很高效。学习也是一样的，养成学习习惯之后，学习也是自然而然的事，更有效率，也有效果，容易持续下去。

📖 2.1.3　启动你的进步飞轮

我们现在要聊一个很有意思的概念：飞轮效应。为了使静止的飞轮转动起来，一开始你需要用很大的力气，一圈一圈反复地推，每转一圈都很费力，但这些努力都不会白费，飞轮会转得越来越快。当飞轮的转动速度达到某一临界点，飞轮的重力和冲力会成为推动力的一部分。这时，你不需要费多大的力气，飞轮依然会快速转动，并且不停地转动。这就是著名的"飞轮效应"。

三步极简学习法的核心包括"寻找问题""精细加工"和"深度消化"。通过不断寻找问题，我们可以逐渐消除知识盲区，更全面地了解所要学习的科目，有针对性地进行学习和提升。通过精细加工，我们可以将零散的知识点联系起来，构建更完整和系统的知识结构。通过深度消化，我们可以将知识从短期记忆转化为长期记忆，并不断加深对知识的理解程度。

更重要的是，这三个核心步骤形成了一个能够产生飞轮效应的"进步飞轮"，如图 2.3 所示。

这个进步飞轮每转动一次，都会增加你寻找问题的能力、精细加工的能力和深度消化的能力。这三种能力就组成了你的学习能力。所以进步飞轮每转动一次，你的学习能力就会提高一点。持续地旋转进步飞轮，你会不断迭代学习能力，提高学习效率和学习质量。

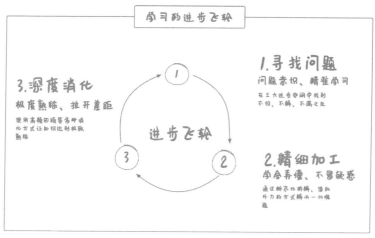

图 2.3 学习的进步飞轮

初始阶段，需要投入一些时间和精力让这个进步飞轮转起来，一旦掌握了有效的学习方法，就可以通过固定的学习模式实现新知识的快速积累和深度理解，以达到持续地进步。

能够反复使用的技巧才是最有效的技巧。首先，反复使用可以让我们越练越精通，实现循环迭代。我们都可以不断地练习和总结，不断地提高自己的水平和效果。其次，反复使用可以让我们越用越有效率。当我们熟悉了一个技巧后，就可以快速地将其运用到不同的场合，节省时间和精力。最后，反复使用可以增强我们的自信心。我们用一个技巧解决了很多问题，就会感到满足和自豪，增强自信心和动力。

现在，你需要记住进步飞轮图，并牢记三步极简学习法的 12 字口诀：寻找问题、精细加工、深度消化。在后面的章节中，我们将详细讲解每个步骤的具体操作，每个步骤要达到的标准，以及如何在整个学习过程中运用三步极简学习法提升整体的学习效率，冲刺更高的分数！

2.2　让学习开始高效

前面介绍了三步极简学习法的核心内容，现在我们来深入探讨一下，为什么你需要这个学习方法，以及为什么这个方法可以让你的学习变得更加高效。通过这一节的讲解，你将更加深入地理解这个方法的价值和实用性，从而更好地应用于自己的学习实践中。

📖 2.2.1　为什么你需要极简学习法

第一，简单易用。越是接近本质的东西越简单，越容易理解。三步极简学习法只有三步，原理也显而易见，清晰易懂，使用起来十分方便。这种简单易用的学习方法，不但不会增加学习者的学习成本，相反可以节省宝贵的学习时间，提高学习效率，从而实现更好的学习效果。

第二，适用性强。三步学习法适用于任何科目的学习。虽然各个科目有其独特的特点，但在学习的本质上存在相通性：都是将不会的变成能够理解的，再将能够理解的变成熟练的，这需要寻找问题、精细加工和深度消化。因此，各个科目间可以实现学习技能的无缝迁移，更能发挥学习方法的效果，达到稳步提升的目的。无论是成绩优秀的学生还是成绩不如意的学生，都可以使用这种方法。对于学习好的学生，他们面临的问题更具挑战性；对于学习一般的学生，他们面临的问题相对基础一些，但处理问题的方法是一样的。因此，这个学习方法适用于不同类型的学生、学习不同学科的情况，能够显著提高学习效率和相关能力，取得更好的学习成果。

第三，容易坚持。使用三步极简学习法易于坚持。它不会牺牲可持续性以寻求一时的进步，而是通过降低对意志力的要求来提高可坚持性。每天重复三个步骤——寻找问题、精细加工和深度消化，就能够轻松学习，不需要额外的意志力或过度偏离原有的学习方式。随着时间的推移，你将会形成一种高效的学习习惯，不仅在当前学习中受益，也能够在未来的学习和工作中受益。

📖 2.2.2 三步法是如何实现高效学习的

第一，直击学习的核心，没有多余的步骤。"寻找问题"，可以从源头上节约大量的时间。学习就是把不会的学会弄懂，不在会的地方浪费时间，如图2.4所示。找到问题之后再学习，就是筛选出不会的知识的过程，让学习有的放矢。"精细加工"，就是把陌生的、不懂的、不会的问题，通过加工的方式变成自己可以理解的知识。"深度消化"，是把理解了的东西再加以巩固，形成长期记忆，并纳入自己的知识体系，达到最终的学习效果。这三个步骤就是成绩提升的核心和关键。

第二，符合科学的学习原理。三步极简学习法虽然很简单，但它却包含了许多科学的学习原理。比如，根据艾宾浩斯遗忘曲线的原理，为了记住一个知识点，必须在大量遗忘发生之前将其留在大脑中。为了更深刻地记住所学知识，需要进行50%的超额学习。因此，极简学习法中包括分散的高频复习安排。此外，三步极简学习法还有问题化学习、费曼学习法以及精细加工等理论和方法的影子。这些在后面的章节中会有详细介绍。

第三，全过程的优化。学习是一个多环节的过程，如图2.5所示，包括预习、听课、完成作业、复习、考试等。如果只是优化某一环节的效率——比如通过预习找出需要弄懂的问题，使听课效率提高 20%——而其他环节没有优化，那么整体学习效率也只能提高到原来的 1.2 倍。但如果每个环节都能提高 20% 的效率，上述五个环节结合起来就是 $1.2 \times 1.2 \times 1.2 \times 1.2 \times 1.2$，即整体学习效率可以提高大约 2.5 倍。因此，学习全过程的整体优化是实现效率倍增的关键。在后面的章节中，我们将讨论如何将三步学习法应用于学习的各个环节，从而实现学习效率的最大化。

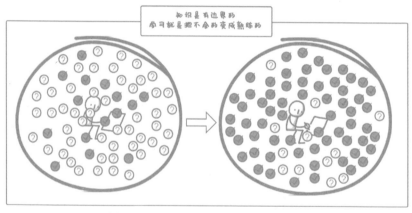

图 2.4　学习就是把不会的变成熟练的

图 2.5　学习全过程优化

第四，可以产生复利效应。三步极简学习法的三个步骤组成一个完整的进步循环，不断地使用这个方法，每个进步循环都会提升效率，从而使学习效果不断累积，产生可观的复利效应。从宏观上来说，使用三步极简学习方法，成绩的快速进步甚至高速进步是必然的。

第3章

第一步，寻找问题：精准解决问题，告别无效学习

对于很多学生来说，他们面临的一个巨大压力是缺乏出错的空间。在一次考试中，无论学生得了多少分，老师和家长都不会关注学生做对的题目，哪怕是 100 分的试卷得了 99 分，依旧会纠结那 1 分是怎么被扣掉的。这种情况会导致学生过分敏感和厌恶"问题"，他们会变得小心翼翼，如履薄冰。实际上，有问题是很正常的，因为只有出现问题，学生才有可能进步。如果没有问题，那么学生就没有了进步的空间。因此，我们需要用平和的态度来面对问题，掌控问题，而不是被问题所掌控。

3.1 问题点就是分数增长点

在学习过程中，我们难免会遇到各种问题。有些人可能会把问题看作困扰或阻碍，而忽略了问题的价值。其实，问题是学习的动力和方向，是分数的增长点。只有遇到了问题，我们才能够寻求解决办法，提高自己的能力和水平。在这一节中，我们将探讨一下"问题"在学习中的重要作用。

📖 3.1.1 没有问题就没有进步

明代学者陈献章曾经说过："学贵有疑，小疑则小进，大疑则大进。疑者，觉悟之机也。一番觉悟，一番长进，更无别法也。"这句话的意思是：学习的关键在于提出疑问，疑问的大小决定了进步的程度。疑问能够激发我们的觉悟，觉悟能够促进我们的进步，这就是学习的真谛。朱熹也有类似观点："读书无疑者须教有疑，有疑者却要无疑，到这里方是长进。"他的意思是：对于读书没有疑问的人，要引导他发现问题；对于有了疑问的人，要帮助他解决问题，重新达到清晰明了的状态。这个从无疑到有疑再到无疑的循环就是学习进步的过程，如图 3.1 所示。

1. 问题可以激发学习的兴趣

20 世纪最有影响的哲学家之一卡尔·波普尔曾经说过："正是问题激发我们去学习，去发展知识，去实践，去观察。"我记得上高中的时候，寝室里有一个同学就提出了一个有趣的问题：如果把地球从中间凿开，然后把一个小球扔进去，小球会怎么样呢？这个问题引起了我们的热烈讨论，一直讨论到深夜，最后达成一个共识：小球会像弹簧一样来回振荡。显然，这个问题激发了我们对物理的兴趣和好奇心。一般来说，老师在授课的时候，也会先提出一个引人关注的问题，让学生思考。有了问题之后，学生的大脑就被激活了，就有了解决问题的动力，从而会更加专注和投入地听课。

图 3.1　问题是进步的阶梯

2. 问题是知识的生长点

问题可以启动思维，增长知识，拓展思维的深度。大多数知识点都是有逻辑和联系的，新知识都是在旧知识基础上衍生和发展出来的。比如说，你遇到一个新词"纸杯"，那么你就会产生一个问题："什么是纸杯？"这个问题就会激发你的思维。你应该能够联想到之前学过的两个词——"纸"和"杯"，纸杯就是用纸做成的杯子，这样你就掌握了"纸杯"这个知识点。这只是一个简单的例子，更加深入的学习也需要通过问题来推动。

3. 问题可以促进创造

问题可以培养我们的创新能力和实践能力。《义务教育课程方案和课程标准（2022 年版）》要求："使学生能够解释和掌握所学知识，并且能够运用这些知识去解决日常生活和生产劳动的一些实际问题。"提出问题是创新的源泉，爱因斯坦曾经说过："提出一个问题比解决一个问题更重要。"只有当我们具备了提出问题和解决问题的能力，我们才能够成为善于思考和应用知识的学习者，而不是成为只会记忆知识、只会应试的机器。

综上，问题就是学习的起点，也是进步的阶梯。只有在学习中提出问题，在问题中寻求答案，在答案中反思问题，才能够形成"学问"。如果没有问题，那就没有真正的学习，更没有进步。但是，有一个奇怪的现象，很多的家长和学生对"问题"有一种避之唯恐不及的态度。一旦遇到问题，就会紧张不安，产生负面情绪。有些家长还会把孩子在学习中遇到的问题当作批评、否定、打压的理由，忽略了问题背后的积极意义。其实，无论是预习时发现的问题、做作业时碰到的不懂的问题、考试时出现的不会的问题，还是出错时暴露的问题，都是学习进步的契机。问题出现的地方就是进步的空间，问题越多说明进步的空间越大。

寻找问题也是三步极简学习法的第一步。只有找到问题，才能对问题进行精细加工和深度消化。进入学习的进步飞轮，学习者就能找到学习的节奏，提高学习的效果。因此，要正确地看待问题，接受问题，把问题当作进步的动力。

📖 3.1.2 解决问题降低学习难度

"世上无难事，只要肯拆分"，再难的事情，只要拆分成一个个小的事情去做，就变简单了。

比如，举办一届冬奥会是一件非常复杂的事情，我们可以把冬奥会的举办拆分成若干方面，比如赛事的场地建设、赛事的进程规划、赛事的数据处理、赛事的文化宣传、赛事的安全保障，等等。赛事的进程安排又可以继续拆分成开幕式的举办、比赛日赛程的规划、闭幕式的举办，等等。开幕式的举办，可拆分成若干个节目，而每个节目又可拆分成创意执行、人员安排、舞美设计、实际彩排，等等。就连吉祥物冰墩墩、雪容融的出品，也可拆分成形象设计、产品制造、销售、物流等一个个具体的环节。这样一层一层拆分下去，直到拆成可以执行的细节并逐一执行，冬奥会的赛事才一点一点地变成了现实，如图 3.2 所示。

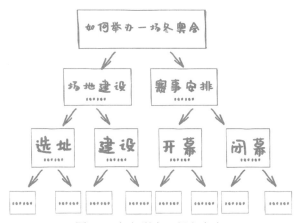

图 3.2　如何举办一场冬奥会

同样，学习也可以通过拆分来降低难度，而"问题"就是学习拆分后的最小单元。当我们把学习拆分成一个一个问题时，就会发现一个有趣的现象：学习就是在解决一个又一个的问题，如果掌握了如何高效地解决问题，那么就掌握了如何高效地学习，学习的难度也就大大降低了。学习不过就是找到问题后，对问题进行分析和解决，再把解决问题的知识加以巩固和应用。如此反复循环，解决一个问题，再解决下一个问题，学习就是一个又一个的进步循环。而学习力就是在一个个进步循环中培养出来的。

📖 3.1.3　只盯问题提高学习效率

曾经有一个高二的女生咨询我：为什么我学习很认真，做了很多笔记，平时上课也会积极发言，课上老师也表扬我，但月考的成绩却非常差呢？我看了一下她的笔记。她说得没错，她的笔记做得确实非常好，不夸张地说，是我见过的最工整的笔记，字体娟秀，知识点都记得清清楚楚、明明白白，还使用了不同颜色的荧光笔，把重点凸显出来，整个版面非常漂亮，赏心悦目。如果仅仅从笔记上来看，这个学生非常有学霸的气质，可是成绩为什么平平无奇呢？我就问她，平时是怎么处理错题的？她的回答是，作业都做不完，错题就更没时间看了。这就是问题所在："在没有问题的地方努力，都是在浪费时间。"很多学生没有将注意力放在"问题"上，浪费了大把的进步机会还不自知，沉浸在自我感动中。她听从我的建议每天用极简学习法积累错题，加工消化。两个月之后，她向我报喜，说自己进步挺大的，全班46个人，她已经从垫底跃升到20多名了。

问题就像一个筛子，可以把无效的学习筛出去。很简单的道理，假设考试的范围有1000个知识点，你已经掌握了300个知识点，要想提高成绩，只有在剩下的700个知识点上下功夫才有效果，而不是在已经会的地方浪费大量的精力。就像淘金似的，要先把大量的泥沙冲洗掉，留下粗金，然后再提纯。如果第一步就错了，连着沙子一起提纯，大量的精力和时间就会被白白浪费，后面不管多么高效，整体效率都不会太高。

所以，把注意力放在有问题的地方，盯紧问题，瞄准问题，是提高学习效率的第一步。

3.2 问题的三大来源

去哪里找问题呢？下面介绍三大问题来源。

📖 3.2.1　试卷——问题的第一大来源

你算过你做过多少张试卷吗？

学校发放的试卷是非常宝贵的学习资料，我曾经的高中同桌就教我认识到了这一点。

他的成绩名列前茅，慢慢地我发现他的学习方法与众不同，特别是在对待学校考试试卷方面。通常在拿到试卷后，大多数同学只是看分数、改错题、理解一下，然后就把试卷丢到一边了。但我的同桌不一样，他总会认真查看每道题目，找出错误，仔细分析原因，并想办法改进。有一次，我们的数学老师发回一份模拟考试试卷。大家都在讨论分数时，我的同桌却静静地翻阅试卷，分析出错的点，将错题、考察重点和不熟悉的知识点用彩笔标出，然后整理到一个本子上。晚自习时，他会再次复习这些内容，确保真正掌握。如果是因为基础知识掌握不扎实而犯错，他会立即查找相关的知识点巩固加强。如果是因为解题方法不熟练而犯错，他会花更多时间练习相关题目。如果自己的答案与老师的答案不同，他会认真分析自己的思路和方法。

我好奇地问他为什么这么做，他告诉我，学校的考试试卷其实是很好的问题来源，而且非常准确和全面。通过分析试卷，他能找出自己的知识漏洞，并迅速弥补。这样一来，他的学习效率就提高了很多。他还说，分析试卷可以让他更好地把握老师的出题思路和重点，从而有针对性地复习。受到同桌的启发，我也开始重视试卷。我发现他说得对，试卷确实是一个宝贵的问题来源。通过对试卷的仔细分析，我也发现了很多之前忽略的不足之处，逐渐在学习上取得了进步。

我们算一下（说明一下，因为每个地区的科目的安排不一样，我们以杭州为例。下面的数据来自于《中小学生减负措施》颁布之

前的粗略统计，只为说明问题），一二年级只考语文和数学，一共
4 个学期，每个学期学校会组织 1 次统一考试，那么 2 年总共有 8
场考试。三年级到六年级要考语文、数学、科学、英语四科，一共
8 个学期，每学期学校会组织 2 次统一考试，四门课程就是 64 场
考试。初中三年 6 个学期，每学期 2 次考试，语文、数学、科学和
英语四科，一共是 48 场考试，再加上初三一个月一次的月考，按
8 次计算，四科就有 32 场考试。这样算起来，加上中考，初中阶段
总共有 81 场大考。高中科目增多，计算下来期中期末考试 100 场、
月考 150 场，再加上会考和最后一次的大考——高考，总共大约有
260 场考试。也就是说，从小学到初中，再到高中，仅仅大考就有
400 多场。此外还有无数的随堂小测验、单元测验和周考。大约小
学 200 场，初中 200 场，高中 200 场。这样算下来，从小学到高中，
一个学生要经历的大大小小的考试超过了 1000 场。如图 3.3 所示。

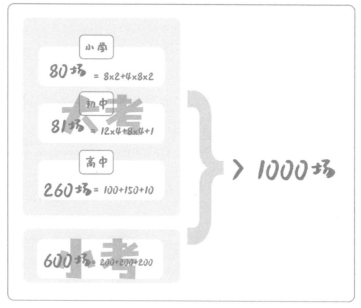

图 3.3　考试的数量统计

《中小学生减负措施》实施之后，尤其是双减政策开始实施后，学生的考试数量大幅减少了，但是大型的统一考试仍然是对学生学习情况的阶段性、全方位的检测手段。换句话说考试就是一个大型的、系统的筛选问题的过程，不管什么知识漏洞都都能被精准的检测出来。有的人试卷发下来看看分数就丢到一边，有的人试卷发下来之后会做试卷分析。有的人看到错题就心情低落，有的人看到错题就看到了进步的希望，后者会根据错题弥补知识漏洞，记录下来，深度消化成自己的知识久而久之，前后两种人的差距会越来越大。

同时，通过对于试卷的复盘，还可以分析出平时学习中出现的很多问题。比如，如果简单的题目错得比较多，那说明基础知识掌握不牢。如果一种类型的题目，有的做对了，有的做错了，那就说明基本概念和原理没有吃透，没有达到举一反三的程度。如果定义、定理、定律等基础知识都吃透了，题型也见过，但题目还是出错了，那说明知识应用不够，解题不熟练，需要练习大量题目来积累解题方法，锻炼解题技能。而那些因为所谓的"粗心大意"而丢分的，说明学生对知识点掌握得还不够熟练。

所以，学校的考试试卷是问题的第一大来源，也是很精准、很系统的问题来源。

📖 3.2.2　作业——问题的第二大来源

第二个问题来源是作业。作业是学生每天都必须面对的任务。从小学到高中，学生们大部分时间都在忙于完成各式各样的作业。小学三到六年级，有大约 800 个晚上需要完成作业，初中和高中则有 600 个晚上要完成各类作业。按照小学生每天平均要花费 1 个小时完成作业，中学生需要花费 1 个半个小时完成作业来计算，小学总共要花费 800 个小时，而初中和高中则需要花费 900 个小时的时间完成各类作业。除了日常作业之外，寒暑假期间还有额外的作业需要完成，据估计，这些额外的作业可能要占用学生整个假期日常时间的 30%～40%。

作业的存在并非没有意义。事实上，布置作业的目的就是让学生在完成任务的过程中不断遇到问题，从而促使他们思考问题、解决问题并吸取经验。天天与作业打交道意味着每天都在与问题进行斗争，而每一个问题都是一个进步的契机。

对于每一个学生来说，每次作业都是一个进步的循环，包括寻找问题、精细加工和深度消化三个关键步骤。在完成作业时，学生们需要认真对待每个问题，寻找自己在解决问题过程中的不足之处，然后通过精细加工，对自己的思考进行深入挖掘，最后通过深度消化，将所学知识内化为自己的能力。

虽然完成一次两次作业学生们觉得自己并没有取得什么明显的进步，但长时间累积下来，每天在做作业中所取得的成果将会让他们的进步显著可见。几百个晚上的进步循环，无论是在知识掌握程度、解题技巧还是在学习方法上，学生都会获得显著的提高。因此，做作业实际上是巨大的进步机会。为了让做作业发挥出最大的效果，学生们需要改变做作业的态度，不是单纯为了完成任务，而是要善于从做作业中发现问题，将问题视为自己进步的契机。

📖 3.2.3 预习——问题的第三大来源

预习就是在找问题。预习是一种自主学习的过程，是学生在课前对新内容的自我学习。许多学生的预习只是简单地提前学习课本上的内容，这样做不能真正发挥预习的作用。这样预习的结果无非就是延长了整体学习的时长，学习的内容可能多了一点，但学习效率不升反降。预习应该是围绕问题展开的，即找出本节课的重点、难点，自己已掌握的知识点以及需要课上再学习和加深理解的知识点。通过针对性的预习，才能更好地利用上课时间，从而达到提高学习效率的目的。

预习不仅可以提高学习效率，还可以锻炼学生发现问题、解决问题的能力。

我清楚地记得，有一次我在预习物理的时候，遇到了一个当时觉得很复杂的概念——动能定理。一开始，我完全不理解这个概念。为了弄清楚这个概念，我开始查课本、查参考书，逐渐梳理出动能定理的核心概念、相关概念、计算公式以及应用的场景。在深入了解这个概念之后，我还尝试通过练习题来检验自己的理解，在解决问题的过程中加深对概念的理解。例如，在解决一个涉及碰撞的问题时，我发现自己对动量守恒定律的理解还不够深入。于是，我又回过头去重新学习了动量守恒定律，并再次尝试解决那道题。经过这番努力，在正式上课时，我对老师讲解的内容有了更深刻的领悟。相比之下，如果我没有预习，在正式上课的时候，我可能无法理解老师讲解的内容，会感到迷茫和无所适从。这次的预习经历让我切身体会到了预习的重要性，以及在预习过程中发现问题和解决问题的能力对于提高学习效果的关键作用。

关于预习的具体方法，我会在后面的三步学习法场景应用章节中详细介绍。

做试卷、写作业、预习，这都是我们熟悉的校内场景，同时也是我们的三大进步空间。如果在这三大进步空间中找出来的问题都可以得到充分加工和消化，想提高成绩也不是件难事。

3.3 培养"问题意识"，让学习变得更主动

在学习中，很多人常常被动地接受知识，缺乏主动性，以致学习效果不佳。只有主动发现问题，才能在解决问题的过程中深入理解知识和技能，从而提高学习效率。因此，培养"问题意识"，让学习变得更主动、更有意义是极其重要的。在本节中，我们将探讨如何培养"问题意识"，让学习更主动。

3.3.1 像猫抓耗子一样抓住问题

你见过猫抓耗子的场景吗？猫的眼睛盯着那只老鼠，专注地看着它，等待着合适的时机。突然，猫一下子抓住了老鼠，紧紧地用爪子按住它，不让它逃脱。这个场景和学习中的问题处理非常相似。我们每天都会遇到各种各样的问题，如陌生的知识点、难以理解的概念、考试中的难题，等等。

学习中的问题就像那只老鼠，你必须时刻留意它，不让它溜走。问题会随时出现在学习过程中，因此我们需要时刻保持警惕和机智，积极地寻找、追踪和解决问题，尽可能地抓住所有问题。

如果我们无法及时发现问题并解决它们，这些问题就会一直困扰我们。如果任由问题存在而不看不管，遇到问题只想着避开问题，回避困难，就好比放虎归山，后患无穷，我们的学习之路将会越来越困难。

所以，记住，要"像猫抓耗子一样抓住问题"，在学习中不要放过任何一个问题。把每一个问题都当成一次学习的机会，认真对待它们，找到问题的根源，并着手解决它们。这样做，你将会在学习中收获更多，进步更大。

📖 3.3.2 "是什么""为什么""怎么做"三类问题

在前面，我们知道了问题的重要性，问题就是我们学习时的主要"作战对象"，所以我们有必要近距离观察在学习中一直打交道的"老朋友"。

虽然我们学的科目很多，比如数学、物理、化学、历史、政治、地理、生物等，但是如果从知识层面观察，打破学科的界限，那么我们学习的知识就只有三种：第一种是需要记忆的知识，比如英语单词、语文基础知识、历史大事件以及化学分子式等。第二种是需要理解的知识，比如数学某一个题型的解法，某个物理概念到底是什么意思等。第三种是考察能力的知识，比如语文的阅读理解、英语写作和听力等。

对应着，问题也可以分成三类："是什么""为什么"和"怎么做"。

记忆型的知识对应"是什么"的问题。寻找"是什么"的问题，就是找到你不认识的或者感到陌生的知识点。比如之前从来没有见过的，处于知识盲区的知识点，也包括之前见过但是没有记住的知识点。某个单词从来没见过，某个历史事件不知道，或者某个定义、定理、定律忘掉了。这类问题需要在寻找出来之后，加深印象，巩固记忆。

理解型的知识对应"为什么"的问题。寻找"为什么"的问题，就是找到没有透彻理解的知识点。比如某个问题完全没有思路，或者有思路但是做错了，或者虽然记住了但是并没有透彻地理解。如果没有透彻理解知识点，就会导致当碰到与之相关的问题时，有时可以做对，有时就会出错。所以这类问题要进行彻底理解，弄通弄懂。

能力型的知识对应"怎么做"的问题。"怎么做"的问题，就是没有到达极度熟练的技能。比如说，会写英语作文，但是写不好，得分不高；会做某道题，但是不够熟练，不能举一反三，一通百通。学习的终点是"极度的熟练"。能力不足也是需要处理的问题，处理这种问题的方法会在后面的章节中介绍。

📖 3.3.3　主动型问题和被动型问题

上面是从问题的性质出发，划分出三个类型。如果从发现问题的途径出发，又可以分为"主动型问题"和"被动型问题"。主动问题就是通过自己的主动探寻找到的问题，被动型问题就是通过测验暴露出来的问题，如图 3.4 所示。

图 3.4　问题的分类

被动型问题比较好理解，也比较明显。但是主动提出问题对基础一般的同学可能要求稍微高一点。往往小孩子总能提出各种各样的问题，可是，随着年龄的增长，很多人进了中学以后，竟然根本提不出什么问题来了。还有人觉得"我没有问题，那说明我已经完全明白老师说的啦"！但是如果一个学生在学习中从来都提不出什么问题，说明他的思维没有真正活跃起来。你会发现越是学习好的学生提出的问题越多，学习不怎么样的学生一般没什么问题。因为人们对于比较熟悉的事物，往往会产生更多的问题，而对于一些陌生的东西往往没有疑问。换句话说，质疑的前提是要有一定的知识储备。其实换个角度就可以提出很多问题，比如："老师讲的内容是不是很完善，可不可以补充？""某个公式还可以用在哪些方面，解决哪些问题？""某个问题有没有别的解决方法？""某个概念反过来成不成立？"

一般来说，被动型问题和主动型问题是同时存在的。但在不同的学习阶段，两类问题的比重并不相同。当成绩一般或偏下的时候，由于知识漏洞比较多，处理的更多是"被动问题"。这个阶段主要任务就是提高消灭问题的速度，尽快处理完被动问题，让主动问题得以浮现。成绩提升之后，通过测验暴露出来的问题会比较少，靠解决被动问题提升成绩的空间就比较有限了。这时候就要主动去发现和处理那些更加有深度的问题。

因为主动型问题是靠求知欲的指引发现的，而求知欲的满足又激活了大脑的奖赏回路。所以当主动型问题的比重增加的时候，学习会在好奇心和求知欲的驱使下进入正向循环，学生对学习有了"掌控感"，会表现得更加主动积极，也就是俗称的"开窍了"。

📖 3.3.4　面对问题要敢于"亮剑"

为什么要着重聊一下面对问题的心态呢？因为面对问题的心态就是面对学习的心态。畏惧问题就是畏惧学习，主动面对问题就是主动学习。学习心态的不同会导致学习结果大相径庭。原因就是学习成功的关键是发挥学习者的主观能动性，其他任何因素都是次要的或者是外围的，只能起到非决定性的辅助的作用。

这种例子比比皆是。比如，北大某教授的女儿居然考试不及格；一位硕士爸爸每天辅导孩子写作业一直到深夜，坚持了一年时间，结果孩子数学考试只考了6分；一位家长花了220万给孩子补课，孩子的物理只考了20分，等等。虽然只是个例，但还是可以说明这么一个问题：只要学习者自己不动起来，不管拥有多好的资源，使用多好的学习方法，结果都是竹篮打水——一场空。

那么学习者需要具备什么样的学习心态呢？如果按照学习态度来分，学习可以分为主动学习和被动学习。如果按照对问题的态度来分，可以分为正视问题和无视问题。如图3.5所示，可以将学习心态分为四个象限。

图 3.5 学习心态四象限

第一个是"被动学习、正视问题"。指的是那些对学习缺乏主动性，但是对待问题比较积极的人。这些人在学习中会有一定的进步，但其学习过程往往是痛苦的，因为他们的主动性较低，总是被动地应对不断涌现的问题。

第二个是"被动学习、无视问题"。指的是那些对学习缺乏主动性，同时对出现的问题漠不关心的人。这些人的学习效果往往很差，甚至可以说他们并没有真正去学习，只是在"假学习"，也很难真正掌握知识和技能。

第三个是"主动学习、正视问题"。指的是那些对学习有一定主动性，同时能够积极面对问题的人。这些人的学习效果比较好，因为他们有动力去学习，同时对于学习中的问题持积极态度，所以能够形成一个正向循环，进步比较快。

第四个是"主动学习、无视问题"。指的是那些对学习有一定主动性，但对于问题却漠不关心的人。这些人的学习效果往往较差，因为他们没有抓住学习的重点，学习效率比较低，进步速度比较慢。

不管你持有什么样的学习心态，问题就在那里，不增不减。如果想让学习进入正向循环，就要由被动变成主动，要正视问题。如果你用毅然决然的态度冲上去消灭一切问题，问题只会越来越少，而你也会越来越强大！

借用《亮剑》里面李云龙的一句话："面对强大的对手，明知不敌，也要毅然亮剑，即使倒下，也要成为一座山，一道岭！""剑锋所指，所向披靡。"这是《亮剑》倡导的精神，也是我们面对问题应该有的气魄。

04

第二步，精细加工：拆解问题，学会所有知识点

吃饭要先嚼碎食物，再进行消化。同样的道理，学习要先精细加工，把知识搞懂再去巩固，这才是更高效的做法。

因为一个知识点需要经过多次重复才能被记得更加牢固。如果没有理解知识点就去死记硬背，那么每次用来记忆的时间就会更长，记忆的效果也不会很好。我们来算笔账：要想牢记一个知识点，需要18次重复。先理解知识点，再去记忆一遍的时间，每次只需要10秒钟，再加上为了把知识点弄懂而花费的5分钟，总共是8分钟。如果不理解就去记忆，每次记忆的时间至少2分钟，18次重复记忆就要花掉36分钟。这样总体上多花费了3倍多的时间，记忆的效果还不好。这只是一个知识点的差距，如果扩大到整个学习的范围，我们要面对无数个知识点的学习，那么整体上学习效率的差距就会非常大。

所以深度消化之前的精细加工环节非常重要，下面就介绍精细加工的三个方法，让你拥有解决一切难题的能力！

4.1 都能学会的解决问题的方法

在这一节，我们将会讨论解决问题的方法，其中包括粉末化拆解问题的技巧、如何借助外力来提高问题解决的效率以及答案学习法。无论你遇到什么难题，都能通过这些方法有效地解决它们。

📖 4.1.1 难题是怎么被解决的

我们先想象一个沙漏的样子：沙漏两头大中间细，沙子从上面缓缓地通过细细的脖子流下来。如果把沙漏上方的沙子换成大块的石头，那么细脖子就被堵住了。我们的大脑在某种意义上跟沙漏很像，因为我们的大脑同一时间可以处理的问题是非常有限的。如果大脑处理太多太难的问题，就很容易阻塞。正确的办法是把大块的石头粉末化，把石头变成沙子。也就是说，当我们遇到无法解决的难题时候，正确的方法应该是把大难题拆成一个个容易解决的小问题。随着一个个小问题的解决，大难题也随之解决，学习的过程会重新变得顺畅很多。

举一个例子，我有一个备考研究生的朋友，在复习数学的时候，他发现有一个概念不懂，这个概念是"置信区间"。即便是看了概念的解释之后，他仍然完全不明白。概念的解释是这样的："置信区间是指由样本统计量所构造的总体参数的估计区间。"这样的解释对于他来说，每个字都认识，可是连起来就不知道是什么意思了。

那怎么搞定这种完全不理解的难题呢？我跟他说了一个方法，

就是接下来要介绍的"粉末化拆解法"。概念不理解没关系，一点一点、一层一层地拆解，每一层的概念有不懂的名词就再拆，一直拆到完全明白为止。

于是，他就去拆解了"置信区间"这个定义。如图 4.1 所示，定义中的"样本统计量"和"总体参数"不懂，又接着去拆这两个概念。他首先查找了相关资料，了解了"样本统计量"和"总体参数"的基本含义，并继续深入挖掘这两个概念中的其他不明白的名词。

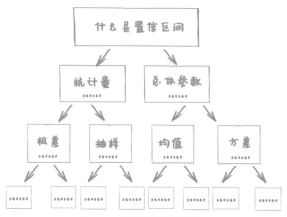

图 4.1　置信区间的拆分

就这样一直拆，花了两个多小时，总共拆出 60 多个直接的和间接的概念。在这个过程中，他查阅了大量的参考资料，不仅包括课本和参考书，还有网络资料、论文和相关的视频教程。在拆解的过程中，一些琐碎的知识点逐个被他消化。他不断地在纸上写下自己的理解，深入挖掘每个不明白的名词，并且尝试将这些看似独立的概念串联起来，形成一个完整的知识体系。

当他把这些概念逐个弄明白之后，豁然开朗："哦，我终于明白了！"而且，他不只是理解了"置信区间"这一个概念，连带着的一连串的有关概率的知识点也都被串联起来，可以说是无比通畅。通过粉末化拆解法，他不仅仅理解了一个概念，更重要的是，他掌握了一种高效的学习方法，可以在面对难懂的知识点时从容应对，逐步拆解，深入理解，最终掌握。此后，每当他遇到疑难问题，首先想到的就是"粉末化拆解"，这种方法既锻炼了他解决问题的能力，又提高了他的学习效率。

📖 4.1.2 粉末化拆解，解决所有问题

所谓的"粉末化拆解"，就是把一个复杂的大问题拆解成一个一个容易解决的小问题，一直拆下去，直到无须再拆为止。这个方法的核心理念是将问题逐步简化，以便更容易地解决问题。随着一个个小问题的解决，大问题也被慢慢地解决了。用粉末化拆解的方法解决难题有两个好处：第一，难题变得更容易。很多时候你面对一个很难的问题，不大可能一步到位，否则它就不会被称为"难题"了。实际上，在拆解过程中，解决问题的方法就会逐渐浮现在你的大脑中。第二，细节浮现。粉末化拆解会让你更加重视那些很容易被忽视的小细节，让你的思考更全面，从而得出答案的准确率更高。

根据难易程度，问题分为简单问题、中等难度问题和高难度问题，它们的区别在于被考察的知识点的复杂程度有所不同。从拆解的角度来看，低难度的问题很容易被拆解，一步两步就可以拆解到基础的公式、定义、定理或者定律。中等难度的问题，考查的是知识的交叉运用，一道试题不只包含单一的知识点，拆解起来会复杂一些。而高难度的问题，考察的是知识的综合运用，一个问题会涉及很多基础知识的综合运用，包括若干个定理、定律、概念或者解题方法，拆解起来更加复杂。然而，无论多难的问题，通过分阶段的拆解，都能找到解题方法。

第一步：拆解题干。碰到不会的题目，先看一下，题干里面的知识点是不是可以进行粉末化拆解？如果是的话，就去拆解它。只有你先把题干的疑惑点一一拆解之后，才可以真正地搞清楚这道题考察的到底是什么。把题干中陌生的知识点拆到拆不下去为止，拆完之后逐个解决，整道题的难度就降低了很多，做出答案的概率也就会提高很多。通过拆解题干，基本上可以解决百分之八九十的难题。

第二步：拆解答案。对于剩下的 10% ～ 20% 的题目，拆完题干之后，还是没有思路怎么办呢？那就说明这个题目的难度已经超出了你的理解范围。与其死磕，不如把答案拿出来进行拆解和学习。这时候，你需要关注答案中的解题步骤、知识点以及解题思路。不要为了做题而做题，而要为了获取知识而做题。

一般来说，拆解答案包括以下几个步骤。

（1）仔细阅读答案，理解每一个步骤的意义和作用。

（2）思考答案中用到的知识点、公式、定理等，弄清楚它们在解题过程中起到的作用。

（3）反思自己在解题过程中遇到的困难，找出自己在哪个环节出现了问题。

（4）通过对答案的分析，总结解题技巧和方法，以便在以后的学习中应用。

粉末化拆解能够有效提高解决问题的能力，让你在面对各种难度的题目时都更加游刃有余。粉末化拆解法是解决所有难题的统一思路。下一节告诉你，如何加快解决问题的速度。

📖 4.1.3 借助外力使精细加工更高效

学生是自己学习成绩的第一责任人。那么，是不是所有的事情都要亲力亲为呢？在三步极简学习法中，寻找问题的步骤要靠自己，深度消化的步骤也要靠自己，但是对于解决问题的步骤，首先靠自己，自己解决不了的，也可以借助外力。大胆利用身边的资源，可以加快解决问题的速度。因为解决问题不是学习的目的，学会问题背后的知识才是目的。身边可以借助的外力有哪些呢？如图 4.2 所示。

图 4.2　善用外部资源

外力一：课本

　　课本可说是学习过程中最重要的参考资料了。课本都是由专家和教育部门精心编写，内容经过严格筛选和整理，以确保知识的准确性和系统性。所以课本的含金量非常高，所有需要学习的基本知识点和重要概念都可以在课本中找到。所以，在遇到问题时，首先应该翻阅课本。课本里的每个知识点，包括其定义、原理、定理等，都是学习的基础。认真阅读课本可以掌握学科的核心知识，为进一步学习打下坚实基础。

　　另外，课本的例题和习题也是非常有价值的学习资源。例题通常会详细演示解题过程，帮助你理解知识点的应用，同时也可以检验你对知识点的掌握程度。考试中的很多题目都是从例题中变形、延伸出来的。

遇到问题时，要充分利用课本，认真阅读和研究课本内容，把课本作为解决问题的第一选择。

外力二：教辅

我们用的课本的内容一般比较精练，好的教辅书可以弥补课本上信息量的不足。教辅书可以分为两类：一类是教材详解类。这种教辅的亮点就是对知识的讲解非常详细，解题步骤特别清楚。每个同学最好都备一本作为主教辅。用这样的教辅书就相当于请了一位名师，24 小时都可以陪在你身边，帮你答疑解惑。

另一类教辅书是用来进行专项训练的。比如有专门讲解函数问题的书，专门讲解辅助线怎么画的书，专门提高阅读能力的书，以及专门提升写作技能的书。这种教辅要根据你自己的需求和时间来选择。比如你的函数学得不太好，总是被扣分，而在假期你有足够的时间，那就可以买一本以函数为主题的教辅书，集中精力做函数题，彻底把这部分搞懂，让你的自信心爆棚。

顺便说一下，教辅书的目的是辅助学习，不是给你增加负担，也不是非得一本本全做完。而是要明白教辅书的作用，因此多配几本教辅书也是没什么问题的。

外力三：同学

要善于把同学视为"资源"。大多数孩子与同学交朋友往往是因为性格合得来，我小时候也是这样。有一次，我跟一个学生聊天，他真的给我上了一课，他能把同学变为学习资源。怎么变呢？比如 A 同学英语学得好，他就跟 A 同学请教英语问题，一来二去就跟 A 同学成了朋友。B 同学数学好，他就跟 B 同学请教数学问题，慢慢跟 B 同学也成了朋友。他会在每一科目中找到一个表现优异且热衷分享的同学，交上朋友。他说，这样一来，他就有了一个团队，这个团队能够从各个方面帮他解答疑问，360度无死角地提供支持。向同学请教问题既能节省时间，随叫随到，又能节省大笔补课费用。

外力四：老师

我上高中的时候，有个女同学特别喜欢问老师问题，我觉得她真是善于向老师提问的典范。甚至有时候，我觉得她就是在疯狂地霸占老师的时间，把老师当成自己的私人教练。其他同学下课之后会先去上厕所，而她，只要课上有听不懂的地方，就会冲向讲台，先把老师堵住。上晚自习的时候更是夸张，老师一般会在过道上一圈一圈地走，每次只要老师经过她的座位，她就会立刻站起来向老师请教问题。基本上老师每转一圈，她就会向老师提出一个问题，每科的晚自习都是如此。她刚进班时的成绩我忘了，肯定不是特别出众，但是到最后高考时，她是班级第三名、年级第十名。我觉得这跟她善于向老师提问的习惯是分不开的。

但是大部分学生对于问老师问题还是有些顾忌的，要么不好意思，要么不敢问。其实，就你自己而言，你才是学习的主角，其他人都是配角。从老师的角度来讲，只要是愿意问问题的学生，不管他的成绩如何，老师都会觉得他是个好学生，起码在学习态度上是没有问题的。

怎样才能有效地问老师问题呢？

首先，不同的时间问不同的问题。如果是在课间问老师问题，因为老师要准备下一堂课，还得休息一会儿，时间比较紧张，尽量挑一些课上没听懂的容易解释的疑惑点让老师给点拨一下。晚自习时间就是为了答疑设定的，你会发现这时候老师会更有耐心，可以问稍微麻烦一点的问题。

其次，在问老师问题的时候，不要直接把问题扔给老师，说：

"老师，我不会这道题，您给我讲讲。"如果你问的是个很难的问题，老师也要花很长时间思考，然后才能给你讲解，这样就不是问老师了，变成考验老师了。正确的做法是先自己思考，查查课本、辅导书，跟同学讨论一下，如果还是不会，再去问老师。问老师之前也要把你能想到的解题思路写下来，能写多少写多少，再拿着解题思路问问老师哪里不对。这样一来，老师一眼就能看出你的思路哪里有问题，回答更有针对性，也更能节省时间，你学得也更有效果。

最后，问老师问题要有礼有节、认真听讲，问完了赶紧记下来，找时间消化巩固。这样才能确保从老师的解答中受益最大。

外力五：App 等网络资源

在这个信息时代，网络资源就像一座无尽的知识宝库。网络上有丰富的学习资料和有趣的学习方式。很多优质的学习 App 和在线课程平台汇集了很多专业的教育机构和老师，提供了各种课程和讲解视频。你可以根据自己的需求选择合适的学习内容，利用这些资源来弥补课堂学习的不足。关键是要学会正确利用网络资源，把它们变成有益的学习工具，而不仅仅是用来抄作业的工具。

使用粉末化拆解的方法解决问题是依靠自己的力量，而借助教辅书、请教同学和老师、使用 App 和网络等资源则是利用了外部力量。先内部探寻，再借助外部支持，基本上就不存在什么解决不了的难题了。

📖 4.1.4 搞定难题的撒手锏：答案学习法

我曾经一个月之内让自己的数学成绩提高了 40 多分。高二快结束的时候，数学已经让我感到很绝望了，无论我怎么努力，成绩都没有提升，听老师讲课的感觉就像是听天书，根本不知道老师在说什么，想问老师都不知道怎么问，真的感觉很痛苦。那时候网络没有现在这么发达，我找到一个当老师的亲戚，向他倒苦水。他给了我一个出人意料的建议："抄试卷"。当时，我感到有些不可思议，但出于听从长辈建议的习惯，还是决定试一试。

于是我开始了我的"抄试卷"计划。我找到了十套真题试卷，对于我来说，上面的很多题目都是很难理解的。我按照他给我的建议，遇到不会的题目，就直接把答案抄上去。所有试卷都抄完之后，我又从头开始，把已经忘了的题目重新抄了一遍。我记得，有的题目抄了八遍之多。这个过程虽然很枯燥，但我还是坚持了下来。

一开始，我并没有认识到这个方法的意义。但是后来，我逐渐发现，这个方法并不仅仅是简单地抄答案，而是通过答案来学习。抄答案的时候，我会去关注答案背后的解题思路和知识点，也会下意识地去理解每个步骤，去查课本，去问同学和老师。渐渐地，我发现自己对知识点的掌握越来越牢固，而且解题速度也在提高。结果，在短短一个月时间里，我的数学成绩提高了40多分！

后来，遇到一个答不出来的问题时，我会先看答案学习解答方法，然后再思考。这个过程就像要去一个陌生的地方，先找个人带你到达目的地，然后再回头看看自己是怎么走过来的。如果一次记不住路，那就让他多带几次，很快就可以自己走着去了。

学习要以学到知识为目的，而不是以做多少题为目的。因为题是无限多的，但是需要我们掌握的知识是有限的。遇到实在解不出来的难题，不要死磕，原因有两个：第一，磕不出来。很多我们现在看起来很简单的结论，求证它们的过程可一点都不简单。比如说一元二次方程的通解，就是经过上千年时间，无数个数学家前赴后继才研究出来的。你不可能只花一个晚上的时间就超越这么多前人的努力吧？现在学这些为什么这么简单呢？因为你只需要记住结论，并且会应用就行了。要求你高分通过考试，不等于要求你成为一名数学家。第二，不划算。即便最后能死磕出来，也花费了大量的时间和精力。有死磕一道难题的时间，不如去"学习"五道题，并把背后的知识掌握熟练。这样至少你的见题量就会增加五倍，学习效率也会提高很多。

答案学习法具体可以分成三步："答"—"改"—"答"，如图4.3所示。第一步，碰到难题，先自己答一遍，把自己会的都写出来，尽量写，能写多少是多少。第二步，对照参考答案把自己的答案改一遍，要改到跟参考答案完全一致。如果有不理解的部分，那就通过粉末化拆解的方法，去看课本，查资料，一点一点全部弄懂。第三步，不看答案，重新再答一遍这个题目，如果这次写出来的答案跟参考答案还是有差别，那就重复前面的两个步骤，直到跟参考答案完全一致为止。

图4.3 答案学习法的三个步骤

这个方法对文科和理科都适用。理科有详细的解题步骤，文科有答题结构和专用术语。有一些答题的细节，只靠自己悟是很难悟到的，借助答案，则可以不断地向标准答案靠近，得分的概率就会大大增加。

4.2　精细加工的心态准备

当我们面对问题时，不仅需要掌握解决问题的方法，还需要具备正确的心态，这就是解决问题的"心法"。这个心法可以用一个字来概括：诚。曾子说过："所谓诚其意者，毋自欺也。""诚"这个字，在现代通常被理解为对外的"诚实"，但是古人所说的"诚"更多的是指对待自己的态度，就是不欺骗自己。

在解决问题的过程中，诚实对待自己是非常重要的。我们需要诚实地面对自己，知道自己哪些地方懂了，哪些地方不懂，哪些地方清晰，哪些地方模糊。只有真正做到"彻底弄懂，不留疑惑"，解决问题的时候才能事半功倍。另外，在解决问题的过程中，需要认真对待每一个问题的题干部分。只有充分了解题干中每个字的意思，才能更快、更好地解决问题。否则，就会漏掉一些关键细节，导致解决问题的时候出现思路偏差，结果就会大相径庭。

在解决问题的时候，还需要具备正确的态度。有些人可能会因为碰到难题而沮丧甚至想要逃避，这个时候就需要建立起一种"所有难题都可以被解决"的信念。实际上，通过上节介绍的精细加工加上外力协助的方法，确实可以实现"所有难题都被解决"。一旦有了这个信念，那些伴随着难题出现的负面情绪都会荡然无存。

精细加工是一种高效的解决问题的方法，但是要实现"彻底弄懂，不留疑惑"，的确要花费更多的时间和精力。可能有些人担心这样做会太浪费时间，用来彻底搞清楚一道题的时间足以做好几道新的题目了。但是，你必须明白一个道理："少即是多，慢即是快。"只有精通和透彻地解决一道又一道的题目，才不会白白浪费时间，才是更省时的做法。我们的目的是获取知识、应用知识，而不是为了做题而做题。透彻地解决一道题目胜过草草地刷十道新题。

此外，有一些小技巧可以帮助我们更好地做到"诚"。比如，在解决问题的时候，你可以经常问一下自己：我真的理解了吗？我真的掌握了吗？这样可以帮助我们有意识地加深自己的理解程度，并发现很可能会被忽略的疑点。还有一个技巧，就是利用"5 个为什么"，反复询问自己，不断深入问题的本质，直到找到问题的核心，从而达到更加深入透彻的理解。

总之，利用精细加工的方法处理问题时，做到"诚"是至关重要的。只有诚实地面对自己，认真对待每一个问题，透彻理解问题，并且拥有"一切问题都可以被解决"的信念，才能更加快速、深入地消化、吸收知识，达到事半功倍的效果。

4.3　精细加工为什么高效

精细加工之所以高效有以下两个原因。

第一，精细加工属于一种理解性的学习策略，本身的效率就很高。理解性学习是"知其然，又知其所以然"。与之相反的就是"死记硬背"。死记硬背就是对某个知识完全不理解或者一知半解的情况下，通过不断背诵或抄写，机械地把知识记下来。你会发现，死记硬背记下来的东西往往背得快忘得也快，一段时间之后，可能会忘得一干二净，但是靠理解记住的内容，一旦记住了，轻易不会忘掉。另外，死记硬背是浅层学习，即便能够记住，然而因为知其然而不知其然，使用的时候也可能会张冠李戴。真正深度的学习，肯定是建立在理解的基础上的，只有理解了，才可以锻炼出解决问题的能力。

我们不断地拆解问题，清除问题中的疑惑的过程，就是将新学到的知识和已有的知识联系起来的过程，也就是理解的过程。理解之后，知识点在大脑中形成连接，以后需要的时候，都可以被轻松地"检索"到，也就是回忆起来。所以精细加工策略在学习过程中发挥着重要作用。

我曾经遇到过一个高中二年级的学生。他之前成绩平平，问题一大堆，而且很难集中精力学习。后来我教他精细加工策略，并指导他在学习过程中运用这种策略。他开始死抠概念，想尽各种办法，不断地拆解问题，解决问题中的疑惑点，不断提高学习效率，大概一个多月的时间，在班级里面就进步了十几名。而且比提升成绩更重要的是，他开始对学习有信心了。

第二，精细加工策略可以消灭负面情绪。学习中难免会出现一些负面的情绪，比如磨蹭、逃避、畏难甚至厌学。其中大部分负面情绪产生的原因，就是碰到了难题，不会做，甚至无从下手。精细加工的策略对于几乎所有的难题，都有办法应对和解决，很容易让学生建立起一种"所有难题都可以被解决"的信念。一旦产生了这个信念，那些伴随着难题所出现的负面情绪，都会荡然无存。

第 5 章

第三步，深度消化：拉开差距，修炼高分内功

在之前的章节中，我们已经介绍了三步极简学习法的前两步：寻找问题和精细加工。这些步骤可以帮助你确定学习的目标并深入理解知识。但是，如果你没有深入消化和掌握所学知识，那么想在考试中取得好成绩也会很难。因此，本章将介绍第三步："深度消化"，这是跟别人拉开距离并提高成绩的内功。

5.1 上课能听懂，一考就出错

很多学生都反映过一个问题，就是上课的时候感觉自己都能听懂，题目是怎么一步步解的，用了什么公式，什么定理、定义，都很清楚，但一到做作业或者考试的时候就蒙，题目无从下手，甚至大脑一片空白。

📖 5.1.1 "学会"只是一种感觉

上课能听懂，考试就丢分，到底是老师讲课水平不够，还是学生吸收能力差？其实都不是。我们先聊聊到底什么叫"听懂了"。听老师讲课的时候，老师就像一个导航仪，带着学生从已知世界走向未知世界，让学生看到旧知识和新知识之间的连接。其实这种连接只是学生看到的老师大脑中的连接。而在学生的大脑里面，还没有建立起稳定的连接。就像你开车去一个新的地方，去的时候，靠着导航指路才到达目的地，如果离开导航，你下次还能不能到达目的地呢？不能保证一定能，除非你自己的大脑中也形成了一条清晰的路线图。

另外，大脑的记忆还有瞬时记忆、短期记忆和长期记忆的区别，如图 5.1 所示。

瞬时记忆就是我们在极短的时间内暂存的信息，例如，商场里琳琅满目的商品有很多，我们去了瞬间可以看到很多的商品。瞬时记忆的容量很小，一般只能存储 1 个或几个信息单元，而且持续时间极短，一般只有几百毫秒到几秒。如果不加以注意，瞬时记忆很快就会消失。

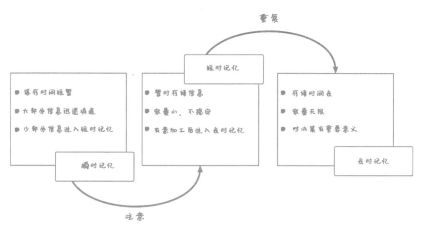

图 5.1　瞬时记忆、短时记忆和长时记忆

短时记忆就是我们在一段时间内暂时存储的信息，例如，当别人告诉你一个电话号码的时候，你可能会在脑海中重复这个号码几遍，直到你把这个号码写下来。这个过程就是利用短时记忆来暂时存储信息。短期记忆的容量有限，一般只能存储 7 个左右的信息单元，而且持续时间很短，一般只有几秒钟到几分钟。如果不加以巩固，短期记忆很快就会消失。

长时记忆就是我们在较长时间内稳定存储的信息，比如我们的姓名、生日、家庭成员、学过的知识等。长期记忆的容量几乎无限，而且持续时间很长，可以从几天到几年甚至一辈子。

学生听老师讲课，随着听懂的内容越来越多，自己的感觉也会越来越好，听完之后会觉得："哇，我都学会了！"但是，课堂上的内容，如果没有及时复习巩固，做作业的时候会发现，听懂的内容好像又开始变得模糊了。如果没有多次的复习巩固，考试的时候会发现，之前记住的知识点，根本想不起来了，甚至会产生"这个知识我学过吗"的陌生感。也就是说，从记忆的机制上来讲，上课时的"听懂"，也只是形成了短时记忆，它是非常不稳定的，充其量只是产生了基于神经元之间的一种可以实现信息传递的化学变化，而没有真正建立起稳定的物理联结，也就是说，并没有形成稳定的长时记忆。

所以说，上课时的"学会了"，除了让你感觉很"爽"，一点意义都没有。如果不进行及时的消化、经常的复习巩固，考试的时候一样拿不了高分。比起因为没有学过而丢分，这种学过了、听懂了，只是因为没有深度消化而丢分，岂不是更可惜吗？

📖 5.1.2 打造你的"消化中心"

还是拿吃饭来举例子。不管你吃了什么东西，是吃水果、撸烤串，还是喝了一碗海鲜粥，所有的食物都会先进到胃里，再经过消化系统吸收，最终变成营养物质被存储或使用。"胃"就是我们身体的消化中心。类似的，我们为了学习也要打造一个"消化中心"，把需要深度消化的知识收集起来，让知识在消化中心深度消化，将其融入自己的经验体系，从而使知识真正成为自己知识体系的一部分。

有人可能会想到："'消化中心'是不是就是错题本呢？我们老师也要求我们做错题本。"虽然很多老师都强调了错题本的重要性，但是据我观察，只有很少的学生能把错题本用好，也可以说，能把错题抄到本子上的学生就已经是好学生了。而能把抄到错题本上的错题再看一遍，甚至再做一遍的，少之又少。这就说明某些环节出了问题，什么问题呢？第一个问题是，错题本上记录的都是失败的经历，学生打开之后，感觉到的都是满满的挫败，所以根本不想打开错题本。第二个问题是，如果错题没有经过精细加工，直接抄下来，就相当于把没有嚼碎的食物直接装到胃里，消化起来效率会非常低，也会很吃力。至少有这两个原因导致错题本很难被很好地利用起来。前面不止一次提到过，学习要以知识为中心，而不是以错题为中心。错题不会让你进步，掌握错题背后的知识才会让你进步。所以，首先为了跟错题本区分开来，我们不妨给这个消化中心另外取一个名字，叫"消化本"。

为了打造好你的"消化中心"，让消化本的利用率得以提升，需要注意以下三个要点。

（1）知识优先，错题其次。不应该只把错题抄在消化本上，正确的做法是，先分析错题背后的知识漏洞，也就是说分析这道题是因为哪个知识点没掌握牢固而导致的，具体到哪个公式、哪个定理，或者是哪个解题方法，拆出一个个需要二次加工消化的粉末化的知识点。在消化本上，只记录这些小知识点即可。瞄准知识点，而不是错题，那么你的漏洞就会越来越少，你的知识体系就会越来越完善，学习才会有进步。

（2）各处收集，集中存储。我们前面讲了问题的三大来源。可能出现问题的地方很多，比如试卷上有一个错题丢分，课本上有一个概念不熟，作业中有一个公式不会。问题如果是散落在各处的，那么就非常不利于集中消化。所以要从各个地方把问题收集起来，集中存储。有的学生会有这样的疑问："是每个学科各用一个本子好，还是各科共用一个本子好？"虽然各科各用一个本子看似分类明确，但这只是样子工程，不管哪一科，所有的知识最终都要被记到脑子里，而不是留在本子上。本子多了，总会有顾此失彼的情况，今天忘了拿这个，明天忘了拿那个，从而影响消化的效率。所以不如大胆地一本记天下，只要在本子上做好日期和科目的标注就可以了。

（3）形影不离，定时复习。如果只注重收集，不注重复习，就好比只吃东西而不消化，非但没有用，还容易积食。你的消化本必须要做到与你形影不离，走到哪里就带到哪里，以保证随时随地都能拿出来复习巩固。具体什么时间复习，采用什么频次复习，会在后面的"高频回顾"章节中介绍。

小贴士

记录在消化本上的内容包括弄懂的概念、推导的公式、掌握的技巧、积累的素材和学习的心得等所有需要二次复习巩固的内容，如图 5.2 所示。

图 5.2　消化本示意图

📖 5.1.3　像烧开水一样把知识学透

想象一下这个场景：我们想要烧一壶水，但在水烧开之前就将火关掉，这样一来，水仍然是生水。当水逐渐冷却后，我们再次尝试烧水，在水烧开之前又关掉了火，水再次降温，依然是生水。这样，即使我们消耗掉所有的燃料，花费无尽的时间，我们仍然无法烧开这壶水。

学习过程正如烧水一般。烧水需要从冷水开始，逐渐升温，最后达到沸腾。同样地，学习一个知识点也需要从陌生的状态开始，逐步达到略懂的状态，直至最终熟练掌握。

很多学生一直在学习，但从未真正彻底地掌握一个知识点。如果你有过下面这些情况，那么你就是一直在烧水，却从未烧开的那个人。

（1）遇到曾经学过的知识点，却感觉像是第一次见到。

（2）对某个知识点有模糊印象，但就是想不起具体细节。

（3）同样的题型，犯过错后，仍然可能再次出错。

（4）平时会做的题目，在考试中稍有变化就不会了。

（5）听懂了某个解题方法，但在实际做题的时候却不会运用。

水一壶一壶地烧开是最快的，学习知识也一样。集中精力，全面深入地理解和掌握一个知识点，然后再攻克下一个知识点，如此循环。避免反复犯错才是掌握知识最高效的方法，在考试中才能取得更好的成绩。

正如我们之前讨论过的，知识可以分为三类：记忆型、理解型和能力型。学习这三种知识的过程，通常可以分为三个阶段，如图 5.3 所示。

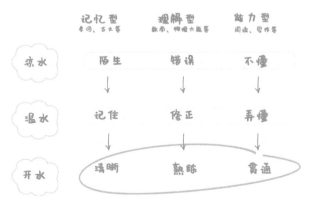

图 5.3　知识必经的三个阶段

凉水阶段：在这个阶段，你可能对某一个知识点一无所知，或者遇到一个题目完全不懂，不知道如何解决。学习任何知识都是从陌生阶段开始的。例如，你刚开始学习立体几何，会觉得非常陌生，不知道如何计算体积或表面积。

温水阶段：开始学习之前不了解的内容，通过自学或听老师讲课，你逐渐理解了。之前不熟悉的知识点变得稍微熟悉了，或者之前犯错的题目改正过来了，是这个阶段的典型特征。其实这只是掌握知识的一个中间阶段，但是很多学生会止步于此。例如，你刚学会了计算圆锥体的体积公式，但还不能灵活运用这个公式解决所有的相关题目。你还需要继续努力，通过练习和思考来巩固和深化对知识点的理解，让这个知识点的掌握情况达到下面的阶段。

开水阶段：在这个阶段，之前学过的内容，经过多次加工，在脑子里面变得无比清晰。或者你不仅熟练地掌握了某个知识点，而且还能将其与其他知识点联系起来，达到"举一反三"的程度。此外，之前出错的题目，经过反复练习，直到极度熟练，不会再错。这是掌握知识的最终阶段。例如，你不仅可以默写立体几何的各种公式，还可以熟练运用这些公式解决各种问题，甚至可以创造性地运用这些公式来解决问题。

📖 5.1.4 要学就学个"胸有成竹"

"胸有成竹"这个成语源于宋代著名画家文同。他长年在竹林里观察竹子的状态，无论春夏秋冬，无论刮风下雨。在炎炎夏日，他会站在烈日下观察竹子被暴晒后的变化，用手测量竹节的增长，观察竹叶密度的变化。在狂风暴雨、电闪雷鸣的天气里，他会观察竹子在大风大雨中弯腰点头、摇摇晃晃的形态。

正是因为文同长时间对竹子进行细致地观察，他对竹子在各个时节、各种环境下的颜色、形状、姿态等的变化了如指掌。因此，他画竹子根本无须草图。后来，一个名叫晁补之的人称赞他说："文同画竹，早已胸有成竹。"这便是"胸有成竹"这个成语的来源。

我们在学习知识时也应追求"胸有成竹"的境界。以高考数学为例，考试时间为两个小时。几年前，有一位高考数学状元在一小时二十分钟内完成了所有题目，并从头到尾检查了两遍。他出考场后自信地估分为 147 分，认为剩下的 3 分取决于运气。结果成绩出来后，他的高考数学得了满分。这说明他在考试时对所有题目一定是胸有成竹的，否则对考试结果不会如此有把握。

实际上，要达到这种状态并非难事。我们每个人都有过"胸有成竹"的经历。例如，"苹果"的英语单词是"apple"，"1+1=2"，这类题目我们不会出错，因为我们对它们了如指掌。问题在于，我们并未将所有知识点掌握得如此熟练，我们常常对许多半生不熟的知识点"放水"。极致熟练应作为学习一个知识点的基本标准，具体来说就是——

（1）清晰：知识点就像刻在脑子里一样。

（2）贯通：知识形成网络，互相联系，互相印证。

（3）熟练：达到极度熟练，不再出错。

对于一个知识点真正地掌握，意味着不仅学会了这个知识点，而且在考试时还能恢复记忆，并且恢复的记忆可以达到考试的要求。换句话说：

学了不是终点，学会了也不是终点，学会了而且记住了还不是终点；只有在考试时能够熟练地提取知识，正确地解答题目，拿到分数，才是终点！

要做到胸有成竹，我们需要在学习过程中不断巩固，通过反复练习和实践，让知识点深入脑海，形成完整的知识网络。这样，在面临挑战和考试时，我们便能自信地展示所学，迅速准确地解决问题，达到学有所成的境界！

5.2 深度消化的方法（一）：高频回顾

本节将介绍深度消化的第一种方法：高频回顾。多次回顾和巩固可以加深对知识的理解和记忆，更好地掌握知识，建立知识之间的关联，从而提高学习效率和成绩。因此，高频回顾是一项非常重要的深度消化法。

📖 5.2.1 遗忘是非常残酷的

学习新的知识时，我们的大脑会建立许多新的神经元连接，就像在茂密的森林中开辟出一条新的道路。但是，这些神经元的连接并不稳固，需要经常使用和加强才能把知识转化为长期记忆。否则，它们就会逐渐消失，就像荒废的小路一样，被杂草覆盖，最终无法辨认。

比如说，你今天学了一个新单词"abandon"，你觉得很简单，它就是"放弃"的意思。你把它记在脑子里，就相当于在密林里开了一条新路。但是如果你只记了一次就不再复习了，那么这条新路很快就会被遗忘。明天你再看到这个单词时，你可能还能想起来它的意思；后天你再看到时，可能就有点模糊了；大后天你再看到时，可能就完全认不出它。这就像你很久没走过那条新路一样，杂草又长满了路面，你根本看不出来哪里是路。

所以，多次的重复记忆对于保住新连接并让它变成长期记忆是非常重要的。当我们一遍又一遍地复习新东西时，我们会让这些新连接更强大，在神经元之间建立越来越紧密的关系。这就像密林里的路，用得多了，加固得好了，最后就成了大路。

你学了一个新单词"abandon"，你不仅记住了它的意思，还把它写在本子上，用它造句，和同学互相问答，在网上查找例句。你把它复习了好几次，就相当于在密林里不断地走那条新路，并且清理和加固它。明天你再看到这个单词时，肯定能想起它的意思；后天你再看到它时，你可能还能想起它的用法；大后天你再看到它时，你可能还能想起它的同义词和反义词。这就像你经常走那条新路一样，杂草被踩平，你一眼就能看出哪里是路。

多次重复记忆是记住新知识的重要方法。如果我们想要把新知识变成长期记忆，并且想用的时候就能用，重复记忆不能不做。

曾经有个朋友，他的孩子上初一时英语成绩不理想，他来请教我如何帮孩子改进学习方法。孩子的英语单词量还算可以，但语法方面几乎一窍不通。孩子觉得语法太枯燥，很不喜欢，学过的知识点总是"今天学，明天忘"，做题时根本想不起来，满分120分的试卷只能勉强得到70分左右。于是，我向他推荐了一本按照语法专题分类的书。这本书大概有十几个专题，每个专题里面涉及若干语法知识点。此外，我还给他规定了任务：每天学习一个新专题，只需看一遍，不强求全部记住；第二天继续学习下一个新专题，并复习前一天学过的专题。按照这个节奏进行，直到最后一个专题，整本书重复学习三轮。

这个方法的核心思想：孩子已经对语法产生了反感情绪，因此不要求他死记硬背，全部掌握。在孩子感到烦躁之前，就让他转到下一个专题学习新内容。最关键的一点是：增加重复的次数！看得多了，自然就能记住。知识只有经过多次重复才能记得牢固。孩子花了两三个月时间，把整本语法书重复看了三遍。每个专题看了两次，也就是说，每个语法知识点学了六遍。用孩子自己的话说："我已经建立了条件反射，基本上一看到题目就能马上回想起这道题所包含的语法考点有哪些。"从此，他的英语成绩再也没有低于90分。

现在我们来看一下著名的艾宾浩斯遗忘曲线，如图5.4所示。德国心理学家艾宾浩斯通过一系列精心设计的研究实验，得出了一些有趣的数据。在实验中，他通过观察和记录参与者在不同时间段对无意义信息的记忆能力，来揭示大脑遗忘的规律。

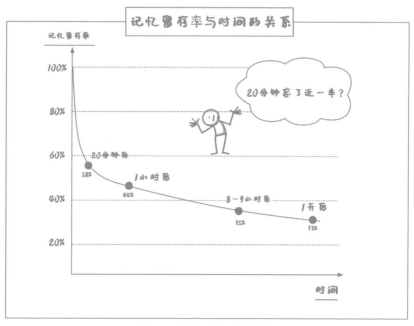

图5.4　艾宾浩斯遗忘曲线

实验首先为参与者选择了一些无意义的音节，例如DAX、YOF、QUN等。参与者在实验开始前被告知需要学习这些无意义的音节，并在后续的测试中尽量准确地回忆这些音节。学习阶段结束后，参与者在不同的时间间隔后（例如20分钟、1小时、8～9小时、1天等）接受测试。实验过程中，艾宾浩斯记录了参与者在各个测试阶段的回忆情况。通过对这些数据的分析，他发现了一个明显的规律，即随着时间的推移，参与者对无意义音节的记忆能力逐渐减弱。最终，他将这些数据绘制成曲线，就是艾宾浩斯遗忘曲线。该曲线描述了大脑遗忘无意义信息的规律，对于人类记忆认知的研究产生了非常大的影响。

根据这个曲线，我们刚刚记住的内容在大脑中的留存率是100%，但是 20 分钟之后，这个数字就跌到了 58%，1 小时后只剩下 44%，8 ～ 9 小时后，只有 35%，到了第二天，我们记住的内容只剩下原本记忆内容的三分之一了！单看 20 分钟的数据就非常恐怖了，仅仅过了 20 分钟，我们就忘记了将近一半的信息！

举个例子来形象地说明这个问题。假设你买了 100 万元的股票，结果 20 分钟后，股票就跌到了 58 万元，第二天一睁眼，只剩下了 33 万元，而且还在持续下跌，没有任何反弹的迹象。所以，遗忘对我们的学习来说，绝对是一个非常残酷的敌人。

从某种意义上说，学习其实就是一个不断与遗忘抗争的过程。我们学了又忘，忘了又学，在学习过程中，我们的大部分时间都在巩固记忆。所以，如果我们不能妥善处理遗忘的问题，很容易产生挫败感，这会直接影响我们学习的积极性。

📖 5.2.2　为什么不要集中复习

那么，如何对抗残酷的遗忘呢？我们先看一下大部分人都会掉进去的两个坑。

记得上初中的时候，有一段时间，最让我头疼的就是政治课，因为有大段大段需要背诵的内容。我又比较较真，背不下来就一直背。每次背政治都要花费大量的时间和精力，即便勉强记住了，第二天老师检查背诵时，仍然是忘的多、记住的少。导致在很长一段时间里，政治这门课一直是我的心理阴影。后来我找老师聊了一次，问老师到底应该怎么背政治。老师当时教了很多技巧，我记得最清楚的一条是：不要在集中的时间进行大量的背诵，而要把背诵的时间尽量分散开。

后来，如果当天有政治课，我就会在放学后先背一遍，吃完晚饭后再背一遍，等做完其他科目的作业后再背一遍。这样虽然总的背诵时间并没有增加，但是背诵的效果大大改善，政治成绩也有所提高，最主要的是，心理阴影消失了，学政治不再那么痛苦。直到后来研究了认知心理学，我才认识到，大脑对于短时间内的多次重复信息刺激，很快会变得麻木。

另外一个重要的原因就是前摄抑制和后摄抑制的影响。这两个词听起来很复杂，其实就是指先后学习的知识之间会相互干扰，影响我们的记忆效果。比如说，如果你先学了一些英语单词，比如 cat、dog、bird 等，然后又学了一些英语单词，比如 hat、log、herd 等，你可能会发现有些单词很难区分，比如 cat 和 hat，这就是前摄抑制的例子，也就是前面的知识干扰了后面知识的记忆。

再比如说，你先记了"人体有 206 块骨头"，经过多次重复，终于记住了。过了 10 分钟，你的同桌突然对你说："你知不知道，人体有 78 个器官？"他还给你看了一个例子："……人体最大的器官是皮肤。"学完之后，你可能会产生疑惑："我刚才背的是人体有多少块骨头、多少个器官来着？"从同学那里听到的内容，影响了你之前学习的内容，这就是后摄抑制。

这两种干扰效应会让我们对最开始和最后学习的内容产生深刻印象，中间的内容则很容易忘掉，这样就降低了学习效率和效果。切分学习内容，将其分成几段，使每一段都有高效的开头和结尾，中间低效的记忆段也更短，可以有效提高学习效率，达到更好的学习效果。

所以，把内容分散开记忆比集中记忆的效果要好得多。把 1 小时的背诵内容拆分成 6 个 10 分钟去背诵，不仅记忆的效果会更好，而且会更轻松。因为 10 分钟的时间属于碎片时间，在吃饭前、上学放学路上、睡觉前、课间等很多场景下都可以挤出 10 分钟时间进行记忆。对集中学习和分散学习的对比实验结果表明：相较于集中学习 15 小时或 20 小时，分散学习 10 小时在长期记忆的形成方面更高效。

因此，我们需要避开的第一个坑就是：尽量不要集中复习，应该把时间分散开，利用碎片时间分散复习，这样不仅能让我们更有效地记住知识，还能让我们在学习过程中感到更轻松，避免因为长时间集中学习而产生疲劳感和挫败感。

📖 5.2.3　为什么不推荐艾宾浩斯记忆法

艾宾浩斯记忆法是一种被广泛传播的学习方法，但为什么不推荐使用这种方法呢？因为很多人误解了艾宾浩斯遗忘曲线的作用，认为非常严格地按照艾宾浩斯遗忘曲线去复习就能达到最好的记忆效果。

我曾经遇到过一个从事教育工作的家长，她的孩子上四年级的时候，她制作了一个遗忘曲线时间点表格，让孩子按表格打卡背古诗。对此我的观点是，用艾宾浩斯表格进行复习操作非常复杂，需要花费一定的时间和精力来记录学习内容以及复习时间。毕竟人不是机器，过于烦琐的操作会降低整体的学习效率。

比如，你在学习某个新的知识板块，你要在第一天进行复习，然后在第三天、第七天、第十四天、第三十天等时间点进行多次复习。如果只是单科内容，勉强还可以画个表格来记录打卡，但是如果记忆的内容有两科或者更多，就算想画个记录表格出来，都变得很困难。在实际操作中，还可能出现各种各样的问题，比如说忘了打卡、错过时间点复习，或者哪天心情不好不想打卡，等等。这些问题会影响整个学习过程的效率，让你没有办法形成稳定的学习节奏，很难坚持下去。果不其然，后来再跟那位家长聊天的时候，她说感觉越来越难以维持，已经放弃了。

实际上，艾宾浩斯遗忘曲线只是艾宾浩斯对遗忘现象进行研究之后，绘制成的一条"遗忘"曲线，而不是"学习"曲线。学习任何内容，只要重复次数足够多，就能够记住，没有必要非得严格按照艾宾浩斯设置的时间点进行复习。

5.2.4 高频回顾法的详细步骤

在学习过程中，我们需要寻找一种既能够保证记忆效率又不那么复杂，能够形成稳定学习节奏的复习方法，我称之为"固定碎片、高频回顾"的复习方法，简称高频回顾法。

高频回顾法不仅适用于文科，也适用于理科。例如，像英语单词、语文知识等需要记忆的内容，通过高频回顾，可以巩固记忆。而像数学公式、几何定理、物理定理等需要理解的知识点，在高频回顾的过程中，也能够加深理解，让解题的效率更高。

高频回顾法是一种高效的学习方法，它不需要过于烦琐和复杂的操作，只需要将学习内容分成碎片，然后每天抽出一定时间进行回顾和复习，不断加深对知识的理解和记忆，如图5.5所示。

这种学习方法的核心思想是通过高频回顾来加强对知识的理解和记忆，同时通过固定碎片的方式，保证每次复习的内容不会太多，避免学习压力过大，从而更容易形成学习习惯和节奏。

与艾宾浩斯记忆法相比，高频回顾法更加灵活和个性化，能够根据不同的学习内容和个人情况进行调整和优化。它可以帮助你更好地掌握知识和技能，提高学习效率和质量，取得更好的学习成果。

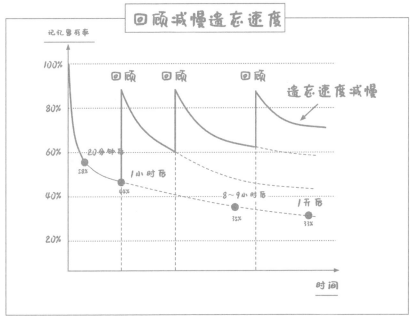

图 5.5　高频回顾减缓遗忘的速度

　　我高考的时候生物得了满分，就是得益于这个方法。当时我还没有建立消化中心的意识，只是把生物课本的空白处利用了起来。我会把记忆模糊的知识点汇总到课本上某一页上面或者下面的空白处。在睡觉之前、起床之后以及每次上生物课之前，复习一下记录的知识点。生物的知识点非常琐碎，一般 10 分钟左右就可以复习二三十个。我就是用这个方法把很多知识点记得很牢固，并且时间也没有投入太多。

　　下面是高频回顾的几个要点，如图 5.6 所示。

1. 安排固定碎片时间分散复习

　　注意"碎片"和"固定"这两个关键词。所谓碎片时间就是 10 分钟左右的很短的空闲时间。为什么要"固定"呢？固定的目的就是养成定时复习的习惯，从而让学习节奏稳定下来。

	日复习	周复习	月复习
时间	固定碎片	周末	月末
内容	近三天	近一周	近一月
方法	读、讲、读	……	……

图 5.6　高频回顾的三种复习法

一般来说，我们可以利用的碎片时间很多，比如起床后、早饭前、早饭后、上学路上、中午吃饭前、中午吃饭后、晚上回家路上、晚饭前、晚饭后、睡觉前……因为每个人的具体情况不一样，所以你可以确定一下你的哪些碎片时间可以被用来做分散复习。最好选出 3～6 个时间段作为固定的碎片化复习时间。

起床后和睡觉前这两个时间段，一定要利用好，因为这两个时间段的记忆效果是最好的。一般早上起床之后大脑是非常清醒的，因为睡眠可以帮助你清除大脑中的垃圾，有利于更好地记忆一些事情。你或许有过这种体验：平时怎样都记不下来的事情，早上起来就能轻而易举地记得清清楚楚。古人讲"一日之计在于晨"是非常有道理的。另外，睡觉之前也是很好的记忆时间段。临睡前，把消化本上该复习的内容过一遍，睡眠过程中大脑对清醒时学习的材料进行筛选，并把重要信息储存起来，从而记得更加牢固。

小贴士

要想让知识在大脑中高度清晰化，就必须高频回顾。除了固定复习习惯，一有碎片时间，就拿起你的消化本进行复习，多多益善。

2. 使用"读—讲—读"的方式复习单个知识点

复习单个知识点的时候，第一步要先读一遍，在读的过程中仔细感受每一句话、每一个短语、每一个字，尽量留下印象。第二步，根据留下来的印象，不看材料试着讲一遍，在讲的过程中努力回忆每一个细节。如果回忆不起来，可以跳讲，能讲多少是多少。如果原文记不起来了，也可以用自己的语言复述。第三步，再读一遍原材料，查缺补漏，加深印象。"读—讲—读"是一个小的记忆单元，可以根据材料的难易程度安排若干个"读—讲—读"。这个方法暗含了费曼学习法的精髓。

小贴士

费曼学习法是诺贝尔奖获得者费曼提出来的。理查德·费曼毕业于普林斯顿大学，美国犹太裔理论物理学家，1965 年诺贝尔物理学奖得主，纳米概念的提出者，被认为是继爱因斯坦之后最有智慧的理论物理学家。

费曼的学习方法非常简单，仅有四步。

第一步：确定目标。拿出一张白纸，写下你想要学习的知识或概念。假装要把这个知识教给一个 8 岁的孩子。因为以 8 岁孩子的词汇量和注意力，只能理解很基本的概念和关系，所以这就要求你将问题简单化。而想要使一个复杂的问题简单化，就必须深入理解这一问题。在白纸上写的过程中，你就会清楚地知道，哪里还有不明白的地方。

第二步：回顾材料。在进行第一步的时候，你发现有些地方会卡住，或者重要信息会被遗忘，解释不清，或者联系不起来。这是你发现的问题。带着问题回归到学习材料，自主学习，直到你可以用基本的术语来说明它们。

第三步：组织语言。让你的解释更加条理化、简单化，甚至可以用简单的语言组织成一个流畅的小故事。如果这个小故事还是不容易理解，或者听起来有点模糊，就说明你理解得不够深入，还需多下功夫。

第四步：传授他人。把这个知识讲给另外一个人听，这个人最好是外行，或者真的就是一个8岁的孩子。如果你能给他讲明白，把知识传授给他，那说明你真正理解、掌握了这个知识。

费曼学习法的精髓就是以"讲"促学，通过深入理解知识并把它简单化，然后组织成流畅的语言，传授给其他人，来检验自己是不是真正理解和掌握了这个知识点。但是，我们在学习的时候，随时随地找个人听你讲题不是一件很方便的事情，可以把"别人"换成"自己"，读材料，深入理解之后留下印象，然后尝试用自己的语言讲述出来，让自己听懂，最后再次阅读材料，查漏补缺，加深记忆。

3. 每日滚动复习最近的内容

第二个要点就是滚动复习。所谓滚动复习，就是指每天复习最近三天记录下来的知识点。滚动复习能够让你对每一个知识点进行多次巩固，从而加深理解并达到牢记的效果。

那么，如何进行滚动复习呢？比如今天是8号，那么需要复习的内容就是6、7、8号这三天记录下来的知识点。假设每天记录的知识点数量为20个，那么最近三天就有60个知识点。对于每个知识点，我们每天安排3～6次的碎片时间来进行复习。那么，所有的知识点都会被复习9～18次，基本上都可以被记住，并完整流畅地复述出来。

举个例子，假设你正在背英语单词。你可以将每个单词作为一个知识点，每次记录 20 个单词，通过三天的滚动复习，每个单词都被复习 18 次，从而被记住。这样一来，高中要求的 3500 个单词，不到半年时间就可以全部背完。

这个方法的好处除了巩固记忆，还在于可以加深对知识点的理解。即便是一开始没有理解透的问题，也会在多次回顾的过程中不断地消化，直到变成你自身知识体系的一部分！无论是记忆性还是理解性的科目，都需要不断巩固和回顾才能真正学好。此外，滚动复习的另一个好处是：任务不会越积越多，没有累积消化的压力，不会让学习丧失动力。

4. 周复习和月复习

再说回艾宾浩斯。除了遗忘曲线，他还提出了过度学习理论，即我们需要在初步掌握知识点后，用原来花费时间的一半来巩固强化。只有当学习程度达到 150% 时，才能达到记忆的巅峰。举个例子，如果我们需要重复 10 次才能记住一个知识点，那么应该再复习 5 次，这样可以达到最佳的记忆效果。因此，除了每日复习，周复习和月复习也十分必要。这样可以保证知识点的持续巩固，避免遗忘。

假设每天记录 20 个问题，一周就会有 100 个问题累积下来。在周末，我们需要对这 100 个问题进行复习和巩固。同样地，每个月也需要对该月累积下来的 400 个问题进行检查和复习，以避免遗忘。

高频回顾的真正意义在于：要在遗忘发生之前，把知识保留在大脑中。每日、每周、每月的复习，就像一个完善而又紧密的记忆链条，保证所有知识点在被遗忘之前持续地保留在大脑中。

5. 灵活调整，避免"消化不良"

在学习中，灵活调整非常重要。人毕竟不是机器，虽然设定了消化计划，可是难免会出现各种意外情况，比较常见的有两种情况：一是"贪功冒进"，一下子录入太多的问题；二是录入一些难以理解、不好消化的问题。这两种情况都会导致消化时间过长，从而陷入"消化不良"的状态。这时的处理方式是，适当增加消化时间，减少录入问题的数量，或者干脆暂停录入，专心消化已有的知识。

另外，在考试之前可以适当扩大复习范围。这个时候可以把每天对前三天内容的复习，扩大到对整个单元或整个学期的内容的整体复习。因为消化本上都是精心筛选的知识漏洞，所以我们可以将消化本作为考前复习的最佳资料，集中回顾过去所学知识，弥补不足，并在考试时保持从容心态，提高考试成绩。

要注意的是，学习进步与"录入"问题的数量无关，而与"消化"问题的数量成正比。我们应该灵活调整录入和消化问题的比例，稳定学习节奏，保证每天的学习都是有效的和高效的。

5.3 深度消化的方法（二）：知识体系

有个刚刚升入初二的女生咨询过我。这位女生在数学方面非常勤奋刻苦，但和她投入的时间和付出的努力比起来，她的数学成绩实在是不能让人满意。我看了她的作业，发现她平时学习很认真，听课的感觉也还不错，基本上老师讲的东西都能理解。然而，每次考试之后，她的成绩在班里只能算个中等水平。这个学生非常困惑——为什么明明自己很努力，数学成绩仍然不见起色？

在多次深入交流之后，我发现她是一个非常聪明的学生，学习刻苦，而且也刷了很多题。当我询问一些基本的数学概念和公式时，她也能够给出正确答案，但却无法将它们联系起来，构成一个完整的知识脉络。这点让我有点担忧，因为这是典型的"学而不思"的学习方式，只是形式上在做题和做笔记，缺乏真正的思考和归纳。

我建议她在学习过程中构建自己的知识框架。先考虑知识的体系结构，再进行知识点的细分和学习。首先应该清晰地认识所要学习的知识领域的框架结构，建立知识分析结构，然后将不同性质和用途的知识点按照这一体系进行分类，建立知识的逻辑架构。知识构建的过程就像搭建一幢高楼大厦，需要一个坚实的框架才能够更好地将知识整合在一起。

这个孩子非常听话，经过一段时间的归纳、梳理、复习，再配合一定量的练习，她的分数有了大幅度提升，对于自己的学习也有了更强的信心。在经历这个过程之后，她明白了知识体系在学习中的重要性，认识到不能光做题而不注重整合知识。如果没有一套完整的知识框架作为支撑，她的学习效率将会受到影响，学习会越来越累。

📖 5.3.1　学习为什么会越来越累

我们可以拿日常生活中的一个例子来说明这个问题。在我们的家里经常会出现这样的情况：当家里的东西越来越多的时候，家就会变得越来越乱。比如一个孩子的玩具，当玩具不算很多的时候，孩子能够很快找到自己想玩的东西，玩得也很高兴。随着越来越多的玩具被买回家，堆积在一起，整个房间会变得乱七八糟。这时候孩子想要找到喜欢的玩具就会变得非常麻烦，玩得也不那么开心了。原因就是因为房间太乱了，人就会变得烦躁和无所适从，就没有办法好好地玩下去。为了解决这个问题，我们需要给孩子的玩具买个置物架，把玩具收纳起来，分门别类地放到收纳盒中，再整齐地摆放在置物架上。这样一来，孩子要找玩具就很容易了，而且家里也会变得整洁，让人心情舒畅。

同样的，我们大脑中的知识也可能变得杂乱无章。当我们学习的知识变得混杂的时候，我们也会感到烦躁不安，吸收新知识的能力大打折扣，学习变得越来越困难。所以，我们需要经常整理一下大脑中的知识，让知识变得体系化、结构化。就像整理孩子的玩具一样，将知识分类整理，整齐地摆放在相应的位置。这样，我们在需要寻找某些知识点的时候，可以更快速地找到它们，更好地掌握它们，同时能更容易地发现不同知识点之间的关联，从而系统化学习。这样的话，学习会越来越轻松，学习效率也会大大提高。

几年前，我因为工作的事情去拜访了一家企业的老板。聊着聊着，发现他曾经是清华学霸。我问他，你当年学习那么好，有什么特殊的学习方法呢。他回想了一下，说也没有什么特别的。我就给他看了一下我研究的学习方法的梗概，他很快就看完了，指着一部分内容说："这不就是我当初的学习方法吗？我当年就是这么学习的，确实很好用。"然后我就问他："你是怎么做的呢？请你说具体点。"他说，他学完一章之后，都会根据记忆把学到的知识做成思维导图，没记清的再回去翻书补上。就这样学一章总结一个思维导图，考试之前，再把所有思维导图拿出来，一点一点地过。他说："当把所有的知识都做成思维导图的时候，你就会有一种很通透的感觉。"我问他是怎么想到用这个方法来学习的，他说，其实他很奇怪为什么好多人不用这个方法，这个方法简直就是学习的捷径，爽爆了。

他说的方法，就是我们即将介绍的第二种深度学习方法——构建知识体系。这也是形成结构化思维的必要途径！

📖 5.3.2　记忆是如何形成的

在记忆中，所有信息像是连接在一起的一张纷繁复杂的网，网上有许多小珠子，代表着不同的信息或概念。这些小珠子之间有线索相连，代表着它们之间的关联。当我们想要回忆某个信息，就像是在网上拨动一个小珠子，它会引起周围小珠子的震动，从而激活相关的信息或概念。这样，就可以通过线索找到我们想要的记忆。

例如，当我们想要回忆"苹果"的信息时，我们可能会在脑海中拨动"水果"这个小珠子，它会引起"红色""圆形""甜""酸"等小珠子的震动，从而让我们想起"苹果"的特征。同时，"水果"这个小珠子也会与其他网相连，例如"食物""植物""营养"等，它们上面也有许多小珠子，代表着与"苹果"相关的信息或概念。这样，我们就可以通过网状结构来扩展和深化对"苹果"的记忆。

当然，记忆里的网状结构并不是固定不变的，它会随着我们知识和经验的增加而不断更新和优化。有些小珠子会增加或减少，有些线索会加强或削弱，有些网会扩大或缩小。这样，我们就可以适应不同的环境和需求，保持记忆的灵活性和有效性。

在认知心理学中，有一句经典的名言"You can't remember an isolated piece of knowledge"（你无法记住一个孤立的知识点）。

知识的特点就是，它不会孤立存在，而是有脉络、有层次、有关联的。我们之所以能够记住新知识，是因为新知识和旧知识产生了联系。例如，能够记住"apple"这个单词，是因为它和你熟知的"苹果"产生了联系；能够记住圆柱的面积公式，是因为它和圆柱这个立体图形产生了联系。

在认知科学中，有一种现象叫"滚雪球效应"：你知道的越多，就越容易学习新的知识。这是因为，你掌握的知识越多，就拥有越多的知识可以用来和新知识建立连接，从而更容易、更快地记住新知识。就像滚雪球一样，一开始只有一个小雪球，但随着它的滚动，雪球的表面积变得越来越大。所以，可以这么说：记住一个知识点，就会让你更容易记住更多的相关知识点；反之，如果忘记了一个知识点，那你可能会忘记一片相关联的知识点。

我们回想一下你是怎么学会数学这门学科的。

你出生的时候，只能通过感官来接触和感受周围的事物。你用手指头来练习数数。长大一点，你开始用玩具来数数，学习写出数字符号。你还开始注意到周围物体的形状和大小，分类和比较不同的形状和大小。

当你再长大一点，你学会了用加号、减号、等号来表示运算关系，做更复杂的加减运算。

你上了小学后，你开始用乘号、除号、括号来表示更复杂的四则运算，还学会更多的分数、小数、百分数等知识点。你也开始用乘法口诀表、竖式来辅助数学运算。

当你上了初中后，你开始学会代数、几何、概率、统计等知识点，开始解决各种实际问题和抽象问题。你也开始用方程式、函数、图形、表格等来表示和分析不同的数学关系和规律。

你上了高中后，你开始学会微积分、线性代数、矩阵、向量等知识点，处理更复杂的变量。你也开始用极限、导数、积分、矩阵等来求解和证明不同的数学问题和定理。

你每学会一个数学知识点，都会对数学有更深刻和广泛的理解。这是因为，你每掌握一个数学知识点，都会有更多的数学知识可以用来和新的知识建立联系，从而更容易、更快地记住新的知识。就像滚雪球一样，一开始你只有一个小小的数学知识体系，随着不断学习和积累，它的内容就变得越来越丰富和复杂。

再来看，知识是如何在我们的大脑中储存和运用的呢？从生物学角度看，我们的大脑由大约 86 亿个神经元细胞组成，这些神经元之间可以形成数万亿个连接。这些连接就像是一个巨大的网络，把我们所学的知识编织成一个个节点，这些节点互相联系、互为线索。如果把大脑比作计算机，那么大脑皮层上一粒沙子大小的区域就能存储 2000TB（太字节）的信息，相当于 10 亿本书的容量。因此，每个人都拥有无限的潜能。即使是爱因斯坦这样的天才，他的大脑在体积和重量上也和普通人没有太大区别。那么，爱因斯坦为什么能够成为伟大的科学家呢？主要在于他的知识体系更为系统和完善，就像一棵根深叶茂的大树一样。相比之下，一些人的知识则像是散落在地上的落叶一样，缺乏规律和联系。很多老师教导学生要举一反三、融会贯通，就是希望他们能够不断地构建和强化自己的知识网络，在学习和生活中不断丰富和提升自己的知识体系，为未来学习更多的知识奠定坚实基础。

📖 5.3.3 不建议用记忆术提高成绩

所有看似神奇的记忆术，其实都在做同一件事情：建立连接。

我们来看一些流行的记忆方法是如何提高记忆效率的。记忆宫殿，就是要利用地点桩建立目标信息和地点之间的联系。例如，你要去超市买东西，如何记住要买牛奶、面包和毛巾这些东西呢？用宫殿记忆法就是把需要记忆的信息与熟悉的场景中的物品建立连接。比如你家门是白色的，跟牛奶颜色是一样的；你家沙发很软，柔软得像面包；你家的茶几上有朵花，跟你要买的彩色的毛巾一样五颜六色。我们可以使用记忆宫殿法这样记忆：推开像牛奶一样白色的门，坐到像面包一样柔软的沙发上，看到了茶几上的像彩色毛巾一样的花朵，于是，你就能轻松地记住这些东西了。这只是一个简化的例子，在实际应用中，可以用很多地点桩来记忆大量内容。

但是本质上，记忆宫殿法的关键就在于建立信息和场景中物品之间的联系。

还有联想记忆法，比如将中国地图想象成一只雄鸡，将其中的鸡冠对应黑龙江，鸡尾对应新疆，两条腿分别是台湾和海南。这本质上也是通过熟悉的事物建立联系，记忆未知的事物。

压缩记忆法也叫记忆口诀，例如将清朝的 12 个皇帝的年号缩减成一个口诀"努皇顺，康雍乾，嘉道咸，同光宣"，把一长串内容以信息压缩的方式，跟一句简单的口诀建立联系。

总之，所有的记忆技巧和方法，本质上都是为了建立信息和熟悉的事物之间的联系。这些记忆术可以在你需要使用这些知识的时候，帮你回忆起这个知识点。

为什么不推荐使用记忆技巧来提高学习成绩呢？主要原因有三个。

第一，使用记忆技巧，仍然需要不断复习记忆桩。例如，利用白门来记忆白牛奶。"牛奶"是要记忆的知识，"门"是一个记忆桩。这种跟学习内容不相关的记忆桩以及记忆桩和要记忆的知识点之间的对应关系，也需要不断地复习记忆，比如白门对应白牛奶，而不是白色的 T 恤，这些不相干的记忆增加了很多不必要的负担。

第二，使用记忆技巧来记忆知识可能会很快，但是回忆知识点时，需要先回忆记忆桩，再回忆知识点，所以复习及回忆知识点效率远不如重复形成条件反射，让大脑中直接出现需要的知识点。

第三，所有的记忆技巧和方法所建立的记忆脉络都是自成体系的，它们忽视了学科本身的逻辑，没有对学科本身的知识逻辑进行总结梳理。到了后期，大量知识涌入可能会产生混乱。因此，与其搭建庞大的记忆宫殿，不如直接构建属于自己的学科知识体系，这样才能让各个知识点之间自然而然地相互联系，让记忆更加深刻和有效。

📖 5.3.4　如何构建学科的知识体系

那么，如何构建学科知识体系呢？有以下两种方法。

第一种方法是"后体系"，即学习内容之后，把自己所学到的知识进行归纳总结，形成学科体系，再不断完善。比如，前面提到的那位清华学霸朋友，每学完一章内容就绘制一张思维导图，把所有重点记录下来。

第二种方法则是"先体系"，即先制作一张思维导图，再去学习。这样，你可以借鉴一个现成的完备的知识体系，学习难度会大大降低。那么，知识体系的素材从哪里来呢？实际上，很多教材上已经开始有了思维导图的展示。如果没有，书本的目录也是一个结构化非常强的制作思维导图素材。利用目录再加上章节要点，很容易把每一章的思维导图制作出来。当然，还有很多很好的教辅书，都替你整理好了思维导图。

> **小贴士**
>
> "后体系"的方式适合复习的时候使用，以起到融会贯通、查漏补缺的作用。"先体系"的方式适合开始学习之前，有了知识体系的加持，学习的效率会提升，内容也会记得更加牢固。

📖 5.3.5　让知识体系清晰起来

这一节重点讲解使用"先体系"学习的方法。制作好思维导图，下一步就是让这个思维导图在大脑中清晰起来。你可能觉得记住这个很难，其实真不难。思维导图的字数加起来也就几百字。怎么背呢？从左往右背，从大标题往小细节背。结合我们高频回顾的消化方法，花三天时间，利用碎片时间进行复习巩固，总的学习时间加起来不会太多，但是它会像一个杠杆一样发挥巨大作用。

▶ 总的来说，思维导图的制作方法是这样的。

（1）借鉴现成的思维导图，用白纸画出这一章内容的脉络。

（2）通过高频回顾的方式，清晰地印在大脑里面。

（3）将这张思维导图随时放在手边，学新东西的时候，或者做新题的时候，不断回顾并且整理补充。

（4）不定期默写，尤其是考前总复习的时候。

做好这个工作，你会发现你的知识体系以肉眼可见的速度在扩张。考试之前，你面对庞大的知识体系，自己都会感到震撼，充满成就感。考前拿出来过一遍，哪个地方熟悉，哪个地方需要集中弥补，一目了然。

先搭建体系的难度比后生成体系的难度要低一些，如果你连这个方法也不想用，那至少要做一件事情：回顾目录。听老师讲一个知识点、自己复习一个知识点或做一道新题时，都回顾一下这个知识点在哪一章哪一节，感觉记忆模糊就翻课本。慢慢地大脑中也会形成这个科目的清晰的知识脉络。

📖 5.3.6 知识体系化的终极状态：思维可视化

我们先体验一下，什么是思维可视化：

看一下这些信息，5 秒钟，5、4、3、2、1，闭上眼睛，在大脑里面看到了什么？

五个好习惯：

守时

秩序

阅读

家务

运动

可能是"守时、秩序、阅读"？应该不是完整的。好，再看一遍。5、4、3、2、1。闭上眼睛，大脑里面看到了什么？多了一个"家务"或者"运动"。OK，再看一遍。闭上眼睛——守时、秩序、阅读、家务、运动，是不是差不多都能看到了？反复几次之后，你的大脑里面就会有五个好习惯定义的清晰的图像。这种图像可以是任何知识，比如数学公式、英语句子，或者是文章段落。

思维可视化简单来说，就是把知识用图像的形式呈现在大脑中，说白了就是"我们看到它了"。思维可视化可以让我们更好地理解和记忆知识，也可以让我们更好地运用和创造知识。

思维可视化的能力是我们每个人都有的，只不过大部分人没有刻意训练过。一个非常非常熟悉的知识，一定是达到这种可视化状态的。比如说，如果问你"苹果"用英语怎么说，你的大脑里应该有几个很清晰的字母出现：a、p、p、l、e。这就是思维可视化的一个简单的例子。思维可视化也是知识由散乱变清晰的终极状态。

我们的脑子里现在已经或多或少地对一些知识点有了清晰的图像，那么如果把可视的范围扩大到整个科目的知识脉络呢？大脑中呈现一个科目的完整的知识脉络，会是什么感觉呢？你会对这个科目有一个非常清晰的宏观的把握，从而可以更好地掌握细节。对于你学过的每一个知识点、做过的每一道题，你都会知道它们是属于哪个脉络的哪个分支。整个科目的脉络结构，就像你的大脑中的地图一样，随意放大、缩小，随意查找，帮助你全面地分析问题，提高学习效率，构建完整的知识体系，促进新知识的理解和创造性应用。

📖 5.3.7 构建知识体系的三个好处

为什么值得花费大量精力去构建知识体系？原因有三个。

首先，它能够彻底解决知识散乱的问题。如果按照进步飞轮的逻辑，每天发现问题、深度消化、精细加工，提高成绩是必然的。但是当你达到一定水平后，常常会遇到"知识散乱"这个问题。知识点没有系统性、缺乏内在联系，在大脑中也无法形成清晰的脉络。如果记忆的知识点能够在大脑中清晰、系统地重现，那就不单是考高分了，而是奔着满分去了。当然，在知识量还没有到达那个程度，知识漏洞还比较多的时候，应当优先按照问题化学习的方式去学习，降低学习难度，实现每天都有进步的目标。当知识增长到一定程度后，就可以使用构建知识体系的方法，帮助你将知识从深度和广度上更快地拓展。

其次，知识体系本身就是一种强大的记忆术。前面讲过，记忆的基础是连接。只有将新知识和已知的东西联系起来，才能记得更牢。构建清晰的学科体系就是建立新旧知识之间的联系，是一种非常有效的记忆方法。不同于记忆宫殿等方法，它不会破坏学科本来的结构，也不会给记忆带来过多的负担，因此记忆效率会不断提高。

最后，构建知识体系能够让你在心态上达到从容不迫的境界。一旦知识在大脑中形成清晰的体系，考前的心态就会变得更加从容。有一个好的心态，你便更容易正常发挥，甚至超常发挥。

📖 5.3.8 思维导图的几个误区

思维导图可以帮我们建立知识体系，但在用的时候也要注意一些误区。这里就给大家说说思维导图的三个误区，还有怎么避免它们。

误区一：只看形式，不管本质

有的人画思维导图，就想着画得好看，过分关注颜色、字体、图标、背景，忘了思维导图是干什么用的。思维导图是为了让我们更好地思考和学习，而不是为了让别人觉得漂亮或者专业。有的人还照搬别人的模板或者规则，不按自己的思维方式和需求来画思维导图。这样画出来的思维导图就没什么灵活性和个性了。

建议：画思维导图要以内容为主，形式为辅。要看思维导图能不能概括我们要学习的主要内容，能不能帮我们更清晰地梳理知识脉络，而不必太在意外表的东西。要按自己的喜好和习惯来做思维导图，而不是盲目地跟着别人或者工具走。要让思维导图成为我们梳理知识的工具，而不是一个限制和负担。

误区二：思想偷懒，想走捷径

有的人想着用思维导图替自己思考和学习，以为只要抄或者看别人的思维导图就能学会知识或者解决问题。他们可能不愿意动脑子，只想找到最简单最快捷的方法，所以对思维导图有点迷信。其实思维导图并不能代替思考，它只是一个帮助我们思考和学习的工具。

建议：使用思维导图的时候，要保持主动和积极的态度，要利用思维导图来激发和促进思考和学习，最终完善大脑中的知识体系。

误区三：太简单了，漏掉细节

有的人做的思维导图过于简单，他们用一些关键词或者符号来代表复杂的概念或者事实，这样可能会漏掉很多重要的细节和联系，导致思维导图不完整不连贯，复习起来很吃力。

建议：画思维导图的时候要适度简化信息和知识，既要保证思维导图的简洁和明了，又要保证思维导图的充实和深刻。要用恰当的词语或者符号来表示复杂的概念或者事实，既要突出重点和核心，又要补充细节和背景，既要避免混乱和重复，又要避免遗漏和断层，既要符合自己的理解能力和记忆能力，又要符合自己的表达能力。

在使用思维导图构建知识体系的时候，我们应该正确理解和运用思维导图，让它能够发挥最大的效用和价值，帮助我们打造一个有条理、有联系、有层次的知识体系。

5.4　深度消化的方法（三）：高效刷题

本节我们将介绍深度消化的第三种方法：高效刷题。通过本节，你将了解刷题的目的和原则，以及如何刷更少的题，提更多的分。

📖 5.4.1　盲目刷题的 4 种表现

为什么有些学生花费大量时间刷题，却依然得不到理想的成绩，而另一些学生没有花太多时间在刷题上，但是成绩却很出众呢？

一个初三的学生，他的数学成绩一直在七八十分，老师告诉他要想提高数学成绩必须多刷题。于是，他买了一本辅导书，每天回家后花大量时间刷数学题。他刷得非常努力，有一段时间，几乎每天都要刷 100 多道题。但是，他的数学成绩并没有明显的提高。在观察他刷题的情况后，我发现他是在盲目刷题。他没有明确的目的，只刷了简单的题目，所以，并没有真正提高自己的数学能力。

另外，他没有对自己的错误进行反思，也没有对题目进行归纳总结，很难从刷题中获得实质性的收获。

刷题是一种很有效的学习方法，但必须避免盲目性。许多学生看到别人刷题，也冲动地购买了资料，但他们不能坚持，很快就放弃了。有些学生能够坚持刷题，但刷得越多犯的错误也越多，正确率没有显著提高。

盲目刷题会导致浪费大量时间，却得不到应有的学习成果。在刷题过程中，应避免出现以下四种情况。

（1）刷题无目的。只注重题目数量而忽视题目的难度和质量。例如，有些学生喜欢刷简单或者不具有挑战性的题目，或很容易偏向于某一科目或板块。由于没有明确的刷题目标，时间的利用率就大打折扣。

（2）刷题无系统。刷题的时候缺乏学科体系的概念，导致刷题效率低，很难发现知识漏洞，不能全面提升能力。

（3）刷题无反思。在刷题过程中，许多学生对自己做错的题目或做过的题目没有进行深入总结和思考。很可能他们只是做完一个题目之后就直接进入下一个题目的练习，没有对做错的题目进行解剖，缺乏对题目背后的知识点的深刻掌握。很多学生之所以会犯同样的错误，也是因为他们没有对这些题目进行多轮消化。在刷题时，应该更加注重反思和总结，针对性地加强对知识点的理解和记忆。

（4）刷题无层次。许多学生刷题时，不分层次，直接挑战难题，忽略了基础题目的重要性。

5.4.2　刷题的 5 个目的

盲目刷题会导致学习效果不佳，影响学习效率，甚至产生负面影响。要想避免盲目刷题，刷题之前需要先明确刷题的目的。刷题的目的主要有发现问题、加强基础知识、加深知识理解、扩大知识面、提高解题能力。

（1）发现问题。刷题可以帮助你发现问题，比如对某些知识点理解不够透彻，或者某些知识没有见过等。刷题可以及时发现问题并加以解决，让学习有的放矢。很多学生上课的时候感觉自己都听懂了，但是一到做题的时候就发现摸不到头脑。这是因为，上课的时候知识的盲区和薄弱点很容易被忽视，只有当做题卡壳的时候，这些漏洞才会凸显，才有机会及时弥补。

（2）加强基础知识。基础知识在题目中往往会重复出现，刷题可以帮助你加强对基础知识的掌握。例如，做数学题的时候，一些基本的数学概念会反复被考察，那么在刷题的过程中，就可以对这些概念进行巩固。

（3）加深知识的理解。刷题是对知识的应用，在应用的过程中，我们对知识的理解也会更加深入。一般来说对于知识的理解是由浅入深的，一开始的理解往往是浮于表面的，在刷题的过程中可以逐渐加深对知识的理解。

（4）扩大知识面。刷题可以帮助你扩大知识面，学到课本上没有的背景知识和解题技巧，可能还会碰到一些新的领域和知识点。

（5）提高解题能力。刷题是提高思维能力和解题能力的有效途径。综合性比较强的学科，比如数学，对思维的要求相当高。如果思维灵活性不够，遇到基础题的时候还好说，但面对压轴题，可能就会束手无策。通过不断刷题，不断对题目进行分析、思考、解决，可以有效训练思维的灵活性，从而不断提升自己的解题能力。

📖 5.4.3　正确刷题的四个原则

总的来说，刷题是获取知识和锻炼能力的手段，要想取得良好的刷题效果，需要遵循以下四个原则。

1. 以知识为中心

知识是学习的核心，是学习的目的。刷题只是帮助我们理解知识、巩固知识的一种方式。因此，刷题时重点应该放在了解和掌握知识上，不断加深对知识的理解，而不是纯粹地刷题，这样才能在刷题中获得越来越高的效率和正确率。刷题前、刷题中和刷题后都要以知识为中心。

做题前，要复习知识。先要把有关概念、定义、定理、定律等相关知识点认真理解，准确把握，再带着这些知识点去做题。通过解题来明确知识点是否掌握牢固。

做题中，要回忆知识。做题的时候，留意这道题用到了哪些知识点。解题过程如果不顺利，肯定是因为哪个知识点掌握不牢固，应当有针对性地巩固知识点。

做题后，要分析知识。错题更正之后，要分析做错的原因，提炼错题背后的漏洞，看看是哪个知识点没掌握牢固、哪个公式或定理不熟、哪个解题方法没掌握。把知识漏洞记录在消化本上进行深度消化。这样漏洞会越来越少，知识体系会越来越完善。

2. 有目的地刷题

要明确刷题的目的。刷题总的目的是提高知识的系统性和全面性。因此刷题要结合当前的学习目标，知道哪些题目该刷，哪些题目不该刷，什么时候应该刷什么题目。比如查缺补漏的时候应该刷综合卷，以保证刷知识点的全面性，接触多元化的题目，避免偏向于某一方面。专项突破的时候刷专题卷，集中攻克某一个模块或者某一类题型，实现单点突破。巩固知识的时候刷已经做过的旧题，用来巩固记忆。扩大知识面的时候可以刷不同来源的新题，开阔视野。总之，要根据具体的刷题目标制订刷题计划，并结合要学习的知识点安排合理的题目数量。

3. 分层次刷题

刷题应该分层次进行，先从简单的题目开始，再刷中等难度的题目，再慢慢挑战难题。基础题最重要，因为掌握基础知识是学习的起点，是构建知识框架的第一步。刷基础题有助于检验你对基本知识的掌握程度，发现并弥补自己的知识漏洞。中等难度的题目则是比较常见的，在考试中也占最大的分值。所以，掌握中等难度的题目对于稳定考试成绩非常重要。在基础题和中等题都没有问题的情况下，做难题可以帮助你挑战自己的极限，提高自己的解题能力，同时也能够让你更深入地理解知识点。

4. 无反思不刷题

刷题要认真，对做过的题目也要仔细思考，才能在一遍一遍刷题的过程中巩固知识，提高解题能力。反思可以发现和改正错误，及时总结经验，做到"做过了就尽量不再错"。必要时还要对题目进行归纳总结，以加深对题目的理解。

📖 5.4.4 如何刷更少的题，涨更多的分

刷题有以下四种方式，分别适用于不同的场景和科目。

▶ 第一种：慢速刷题，学透理解

一些注重理解的科目，比如数学、物理，刷题要少而精。因为这类科目的知识点是有高度的压缩性的，大量不同的题目考核的知识点是一样的。举个例子：圆柱体的体积公式是体积等于底面积乘以高，基于这个公式可以拓展出无数道题，比如给定底面的周长和

高度来计算体积；单位不一样的情况下计算体积；通过体积反过来计算底面半径，等等。所以这类型的题目都需要把相关的公式充分理解、记住、反复推导、反复默写、不断回测，达到极致熟练，从而达到刷一道题相当于刷 100 道题的效果。否则刷了很多题，但是一道都没有做透，就是在浪费时间。

▶ **第二种：多多益善，扩大视野**

这种方式适用于知识点比较零散，对于识记的要求比对理解的要求要高的科目，比如生物、化学等。这类科目理解难度不大，但知识点很多。刷这类科目的题，要尽量扩大题量，在不断做题的过程中扩大知识面，并达到熟练程度。

▶ **第三种：按题型刷，集中突破**

一般中考、高考的出题老师在选择考察什么知识点、考察什么题型等方面会非常谨慎，因为这会直接影响一批考生的命运。所以，每年的考题虽然都是全新的，但考察的知识点变化不会很大，题型的变化也不会很大。所以我们可以按照题型刷题，集中突破某一类题，了解这类题的解题思路、出题方式，一直刷到对这种题型看一眼就知道解题思路的地步。突破一种题型之后再突破下一种题型，会比盲目刷真题高效得多。按题型刷题的方法更适用于结构化比较强的知识，比如数学、物理、英语语法等。或者当你明显感觉到某类题型是弱项，一做就错，需要集中突破的时候，就可以按照题型刷题。

首先准备分好类的题目，具体到某个题型。具体方法是整理之前做过的试卷，标出每张试卷每道题的类型，然后选择同样的类型刷题。也可以选购按题型分类的习题集，或者是真题的分类卷。找好题目之后，集中时间，按照题型刷题。如果这个题型比较难，涉及的知识点比较多，你可以在 1～2 周内拿出可自由支配的时间，尽可能地全部用来攻克这个题型，迅速弥补遗漏的知识。

题型就那么多，一个一个地搞定不擅长的题型，直到极致熟练，这样提升成绩的效果会比较明显。

▶ **第四种：一题多解，锻炼思维**

按照上面讲的几种方式刷题，基本上就能达到优等生水平了。要想当学霸，还需要用到一种刷题方法，那就是一题多解。90% 的学生做一道题目，通常只会按照一般的思路写出一种解法，只有 10% 的学生会思考这道题的不同解法，提出创新方式并解答出来，这 10% 的学生通常成绩也更突出。什么是一题多解呢？一题多解，就是对于同一个题目，利用不同的知识点，或不同的解题思路、解题方法、计算过程，给出多种解决问题的办法。解决办法越多，表明思维越灵活，思路越开阔。

一题多解有以下几个好处。

第一，可以深入掌握知识，举一反三。一道题用两种方法解答，其效果绝对不仅仅是一加一等于二。因为通过一题多解，不光你的知识面会拓宽，你的知识结构也会逐渐形成，你对知识的理解也会加深。经常进行一题多解的训练，可以达到"触类旁通，举一反三"的学习效果。

第二，锻炼思维，提高解题能力。这种多角度解决问题的锻炼，可以让你的思维更加开阔，解题经验更加丰富，解题能力得到提高。你在处理复杂问题的时候，就会多一些分析方法和思路，考试的时候不至于一根筋。

第三，提升学习兴趣。一道题用好几种方案解答，你会产生强烈的征服感和自信心。原本枯燥的解题过程就会变得有吸引力，而不会觉得机械无趣。

上面是刷题的四种基本方式，你可以根据自己的情况灵活使用、搭配，发挥最佳的效果。一道题做完之后，你可以用下边的灵魂 5 问来巩固学习成果。

📖 5.4.5　做完题目之后的灵魂 5 问

1. 题目背后的知识是什么？

做题首先是为了巩固知识，如果只是做出答案，但没理解题目背后的知识点，就失去了做题的意义。把这道题用到的知识明确地表达出来，就能加深对这个知识点的记忆，这是核心问题，很多学生会忽略这一点。

2. 这个知识是在哪里出现的？

思考这个知识点是出自教材中的哪一章、哪一节，每个题都去找一下相应的出处，这是建立系统化思维的关键，时间长了你的知识架构就建立起来了。

3. 这个知识的深层含义是什么？

思考这个公式是怎么来的，背后的含义是什么，并用自己的话解释出来，可以加深对知识的理解。

4. 利用这个知识还能解决什么问题？

从知识出发，思考适用范围，可以联想自己曾经做过的题目，也可以联系实际情况进行延伸。例如：我们学习了一个概念，就可以思考怎么用这个概念去解决一个具体的问题。

5. 这个问题如何用其他的思路、方法、知识来解决？

与其做 10 道题，不如把一道题用 10 种方法解答出来。思考一题多解的方法，把已经学过的知识串起来，同时提高自己的思考速度和解题能力。

📖 5.4.6 刷题中的特殊情况

这一小节讲刷题中常遇到的两个特殊情况。

1. 压轴题怎么刷？

压轴题难度是最大的，对能力的要求很高，同时需要有扎实的基础知识和熟练的解题技能。刷压轴题能更高效地综合复习知识，也是学生拉开差距的关键。这类题可以从三个方面来处理。

第一，粉末化拆解。 压轴题考察的是综合能力，包括若干基础知识和几种解题思路。可以用粉末化拆解法，把不懂的或者模棱两可的概念拆出来，逐个搞定，这样可以大幅提高解题成功率。

第二，利用酝酿效应。 有时候学习者想尽力去解决一个复杂的或者需要创造性思考的问题的时候，无论多么努力，还是不能解决问题。在这种时候，暂时停止对问题的积极探索，可能会对问题的解决起到关键作用，这种主动暂停就是酝酿效应。

把绞尽脑汁也解不出来的题目记录在消化本上，给自己三天时间，时不时拿出来思考一下，一般情况下，第二天就会有思路。如果三天了还没有思路，就去问同学、问老师或直接看答案，先弄懂再复习。

第三，事后归纳。 是什么原因导致题目没有做出来，是知识点、题型不熟，还是解题方法不熟？把事后归纳的情况记录在消化本上，进行深度消化。

2. 时间紧怎么刷题？

初三或者高三时间紧张，刷题时要充分利用筛选模式，扩大见题量。一看就有思路的题，不用动手去做，对着答案看一下，验证一下思路对不对即可。因为到这个阶段，一张试卷上的题目跟学生练过的题目的重复率能达到50%～90%。经过筛选，相同的时间，你的见题量就可以瞬间提升2～5倍，相应的，发现知识漏洞的效率就会提升 2 ～ 5 倍。中等生用筛选策略刷题，可以快速达到高水平。对于优等生，这个策略同样可以帮助他们快速冲击到更高水平。对于特别难的题，可以直接使用答案学习法，看解析，看答案，记住知识点。另外，时间再紧张，错题整理都必不可少，深度消化的步骤不能省去，否则又是大量的无用功。

▶ 为什么建议毕业班的学生优先刷真题卷呢？

第一，可以使用倒推思维进行精准学习。刷真题相当于让出题组的老师帮你划重点，每年必考的考点就是重点中的重点。

如果不知道重点是什么，捡了芝麻，丢了西瓜，影响最终得分。刷题库或者刷一些低水平的模拟题不会有好的效果。

第二，带着目标学习，通过刷真题，你可以检验自己对所学知识的掌握程度，发现自己的薄弱环节，并针对性地进行改进。分数不会说谎。错题就是你的薄弱点，就是你接下来学习的目标。有目标，不管是听课也好，自己做练习也好，都会有的放矢，提高学习效率。

6

开始行动，提升各环节的学习效率

有行动才产生结果。我们已经明白了，学习进步的过程就是三步极简学习法的三个步骤不断循环的过程。那么，如何将这三个步骤融入日常学习中呢？在我们学习的过程中，有五个核心环节——预习、听课、作业、考试和复习，这五个环节紧密相连，就像一条链子一样。预习让我们对要学的东西有大概的了解，为听课打下基础；上课时，老师的讲解能让我们更深入地理解知识，印象更深刻；作业让我们把所学应用到实际问题中，加强记忆；考试检查我们学得怎么样，帮我们找出不懂的地方；复习就是整理和总结，弥补不足，巩固记忆。这五个环节互相牵连，都会对最终的学习成果产生影响。

所以，要想学得好，就得优化所有学习环节，让每个环节都发挥最大的作用。只有把各个环节都搞定了，才能获得好的学习成果。

在这一章中，我们将分别了解，如何通过三步极简学习法来优化每个学习环节，使这些环节变得更高效。

6.1 预习：正确预习的策略和方法

预习是学习中非常重要的一个环节。它可以在很大程度上帮助我们更好地掌握知识，提高学习效率。正确的预习策略和方法对于学习成绩的提高有着重要影响，本节将介绍预习的原因、正确预习的策略和方法，以及在三步极简学习法中，预习是如何操作的。

📖 6.1.1 为什么要预习

我朋友的孩子小李被当地一所省级重点高中录取了。可是，上了高中的小李学习成绩很差，甚至在高二时垫底了。小李是一个很有进取心的孩子，考试成绩给他造成了很大的心理压力，最终导致他病倒了，不得不在家里休息了一个月。在这期间，小李没有闲着，他复习旧的功课，并且努力保持与学校课程进度的同步。

小李痊愈后回到学校，没想到他的成绩不仅没有退步，反而还有所提高，这让他和他的家人都很高兴。但是，他的成绩很快又开始下滑，小李的压力随之增加。我和他聊了一下，发现他在上课时听不懂老师讲的内容，完全跟不上老师的进度，课后完成作业的效果也不好，这导致他的压力越来越大。

原来，在这所重点高中，老师讲课的速度相当快，难度也很大。老师一边讲公式和定理，一边讲题，而且通常会跳过简单题，直接从中等和高等难度的题目开始讲。小李的理解能力有些欠缺，往往公式还没有理解呢，老师就跳到下一个知识点去了。所以，他在课堂上的学习效率很低。

　　我建议他从预习入手，改变一下自己的学习方式，提前了解知识点，以便上课的时候更有把握，对知识点也有更好的理解和巩固。于是在每一节课之前，他都加了一个预习的环节。这样，在课堂上，他不但能够顺着老师的思路走，还能及时提出自己的疑问和想法。再去做课后练习题的时候，他的效率就高了很多。经过一段时间努力，他终于摆脱了垫底的状况，提升到了班级的中游水平。

　　预习是一项非常重要的学习技巧，是一个学习者首次面对并了解新知识的过程，不仅可以为上课做充分的准备，有助于加深对知识点的理解，还可以锻炼自主学习能力。即使在作业繁忙的情况下，也应该留出一些时间预习。但是许多人对于预习有着不同的疑问：为什么要预习？写作业的时间已经很紧张了，如何腾出时间预习？预习之后，上课时容易放松，不好好听课该怎么办？对于这些问题，其实都有相应的解决方案。

　　让我们先探讨预习的目的。预习的主要目的是：（1）衔接新内容；（2）提高听课效率；（3）减轻作业负担。

　　首先，预习有助于新内容的衔接。有些学生上课听不懂老师在讲什么，老师在上面讲，学生在下面干些无关的事情，导致课堂时间白白浪费。如果上课跟不上老师的节奏，说明老师讲的内容跟你已有的知识之间已经有了很大的差距。课程的设置一般是有连续性和顺序性的，尤其是理科，前面的没有听懂，后面的很难理解。因此，那些上课已经听不懂的学生必须预习，而且要充分预习。哪怕不做作业也要预习，提高课堂效率，避免陷入恶性循环。所谓的恶性循环指的是因为不预习导致听课效率低，从而导致复习时间增加，作业时间增加，更没有时间预习，最终丧失学习的自信心，如图 6.1 所示。打破这个恶性循环的关键在于充分预习。

图 6.1　不预习造成的恶性循环

其次，预习可以提高听课效率。提高听课效率的诀窍就是"带着问题去听课"。预习之后会知道自己哪些地方可以理解，哪些地方是疑惑点。当老师讲到你的疑惑点时，你的注意力会更加集中，听课的效率也会跟着提升。另外，对大部分学生来说，整堂课45分钟全部都集中注意力不大现实。所以按需分配注意力，把放松的时间留给自己会的内容，这也可以提高听课效率。课堂是学校学习的核心，是学生学习的黄金时间，如果不能被充分利用，是非常可惜的。

最后是减轻作业负担。学生面临很大的作业压力，然而聪明的学生在预习的时候就可以预测老师接下来可能会布置的作业，然后解决其中80%的简单问题。这样既能享受到预习的好处，又能减轻作业带来的压力，一举两得。

如果按照时间来分，预习可以分成三类：一是假期预习，二是周末预习，三是每日预习。三类预习的内容和程度要求是不一样的。

📖 6.1.2　假期如何预习

哪些学生更需要在假期进行预习？为什么他们需要假期预习？具体来说，以下几类学生最好在假期预习功课。

（1）上学期成绩不理想的学生需要进行假期预习。因为这些学生在学习过程中可能存在一些基础性的问题或者漏洞，需要更多的时间来弥补。假期预习可以帮助这些学生巩固和提高基础知识，填补缺陷，并帮助他们更好地掌握新的学习内容。这样可以使他们在新学期更有信心，并避免落后于同学的情况。

（2）跟不上学习进度的学生需要进行假期预习。这些学生在正常学习进度中可能会出现一些困难和障碍，导致他们无法理解课程内容或跟上教学进度。在假期进行预习可以帮助这部分学生填补知识漏洞，消除学习障碍，提高学习效率。

（3）转换学习阶段的学生需要进行假期预习。如果学生即将进入新的学习阶段，例如从小学到初中、从初中到高中，那么在寒暑假进行预习可以帮助他们适应新的学习内容，了解新的学习方法和学习要求，提前规划学习目标和学习计划。

（4）自主学习能力强的学生可以进行假期预习。如果学生具有较强的自主学习能力和自我管理能力，那么在寒暑假进行预习可以更好地发挥自己的学习优势，掌握更多的知识和技能，扩展学习视野，提高综合素质。

假期预习要在有一定广度的基础上重视深度。假期要尽量将重点学科下一学期的内容全部预习完，明确课本上哪些可以理解，哪些不懂需要在听课的时候解决。在此基础上，对于学习上的难点要尽量做到学深、学透。因为开学之后，随着课业量增多，深挖难点的时间会变得很少，学习的节奏忽紧忽慢，容易出现囫囵吞枣的现象。

学生在寒暑假较长的时间里，不用紧跟着老师的讲课进度走，可以完全自主地学习。这一两个月的时间如果好好安排，充分利用，成绩提升的速度是非常快的，而且常常会产生逆袭的惊人效果。

📖 6.1.3　周末如何预习

周末预习的目的是帮助缓解每天预习带来的压力。随着课程难度的逐渐加大，学生需要花费更多的时间学习。然而，每天老师布置的作业太多，常常导致没有足够的精力来预习第二天的所有科目。因此，周末预习成为一种重要的解决方案，可以在相对宽裕的时间内，集中精力预习一些重点科目的重点内容，从而在一定程度上缓解学习压力。

周末预习的策略：首先，选择重点科目并着重关注其中的重点和难点，这将有助于更深入地掌握和理解核心知识，为接下来的学习打下良好的基础。其次，制订清晰的预习计划，包括需要预习的科目、内容、时间和目标等，这将有助于提高预习的效率和效果。再次，采用多种不同的学习方式，比如看视频、听音频、做练习等，以提高趣味性，避免单调乏味。最后，可以适当记录笔记、摘要或者制作思维导图，以帮助加深对知识的理解和记忆，并方便日后复习和回顾。此外，遇到自己解答不出来的问题，可以写在预习本上，等待上课时听讲并解决。

📖 6.1.4　平日如何预习

日常学习中存在作业的压力，因此"高效"预习变得非常重要。为了确保高效预习，可以采取以下几个策略。

一是制订计划。在开始预习之前，明确要预习的科目、内容、时间等。有目的地预习，提高效率。

二是分配时间。每门课程可以限定 20 分钟的预习时间，避免花费过多时间在某一科目上。如果预习内容较多，可以根据重要性和难度适当调整时间分配。

　　三是重点掌握。在有限的时间内，抓住重点进行预习。如果时间不足，可以对重点、难点内容进行集中学习，提高对核心知识的掌握程度。

　　四是课前预习。如果每天预习的时间确实不够，也可以利用课前的几分钟对知识做一个大概的了解，这样也可以起到带着问题去听课、提高听课效率的作用。

　　总之，预习不是为了完成任务，而是为了提高听课效率，更好地掌握知识，提高自己的学习水平。

📖 6.1.5　学霸的检测式预习法

　　我曾经接触过一位初中学霸，他的预习方法是怎样的呢？他会直接使用中考试卷进行预习，先开卷做一遍，然后对照试卷中的问题，花费半天时间在课本中查找对应的知识点，找到知识点在课本的哪一章哪一节，建立一个初步的整体认知框架。接着，他会逐个章节进行预习。同样直接使用单元试卷进行练习，针对出错的题目，找到相关知识点并将不理解的知识记录下来，待到课堂上再仔细学习理解。这是学霸的预习方法，对自身的要求相对较高、感兴趣的同学可以试一试。一般的学生也可以采用他的预习方式的精髓：检测式预习。

　　检测式预习就是直接利用课后练习题来进行预习的方法。检测式预习可以帮助学生避免预习后产生的错觉，并且保证上课时注意力集中。有些学生预习后会产生"飘"的状态，觉得自己已经"会了"，这里的"会了"需要打引号，因为这只是学生的主观感觉。这种感觉会导致学生放松警惕，上课不认真听讲。是否真正掌握了知识，需要通过课后练习来检测。当学生面对做错或不会的问题的时候，再去看课本内容，会格外注意，听课效率自然也不会差，预习的目的也就达到了。

此外，预习的重点是找到问题。如果预习后没有找到任何问题，那么预习就是失败的，学习效率并没有提升，只是多学了一遍。如何标记出问题呢？可以为每门学科准备一个预习本，记录预习中遇到的不懂的知识点。上课时可以拿出预习本，其中的问题就成了听课的目标，一目了然。注意，预习本和消化本是独立的，消化本记录需要二次加工的知识点，而预习本只是辅助听课的。另外，预习本还可以作为课堂笔记，记录老师讲课时的重点和关键词。如果没有使用预习本的习惯，可以使用双色标注法进行标记。这是一种非常简单而又高效的方法：准备两支笔，可以是一支黑色的和一支红色的，用黑色笔在课本上标记自己觉得"模糊"的知识点，用红色笔标注"完全不懂"的问题。标注出来的问题就是上课时需要特别关注和理解的内容。这两种方式都没有问题，可以根据个人的情况进行选择。

6.2　听课：最大化提升上课效率

课堂时间非常集中，十分宝贵，但是在课堂上，学生们的状态各不相同，有的是接受，有的是享受，有的是忍受，有的是难受。我们国家现在普遍施行的"大班授课制"，对于批量生产人才来说，效率是很高的，但并不是所有学生都能有最佳的学习效果，甚至由于上课不能集中精力，整节课被白白浪费的情况比比皆是。什么原因导致的呢？是制度，是老师，还是学生呢？我们普通人没办法改变教育制度，老师也不可能照顾到每个孩子，所以能改变的只有我们自己了！提升课堂的专注程度，让每堂课的学习效率最大化，是每个学生都应该考虑的事情！

📖 6.2.3 提高听课效率的技巧

下面将介绍五个提高听课效率的小技巧，让听课更加高效。

1. 课前的小仪式

上课前的小仪式可以帮助我们更好地准备听课，提高听课效率。以下是几种可行的小仪式，可根据自身需要选择。

喝杯水。适当补水可以帮助大脑更好地工作，提高注意力和记忆力。上课前喝一杯水可以让你保持清醒。

做些小运动。45 分钟高强度的大脑活动会让你感到疲劳，做一些小运动可以有效缓解脑疲劳。比如走出教室，到空旷的地方走一走，或者原地跑几分钟，或者做些拉伸运动，都可以放松一下高度紧张的大脑。

整理桌面。一个人所处的环境是否整洁，直接关系到做事的情绪。待在杂乱的环境里，心情都会变得烦躁，而整洁的环境可以给身心带来满满的活力，有利于集中注意力。如果想让自己在下一节课集中注意力听讲，那么就要把桌面整理干净，并把下一节课需要的教材准备好。不要小瞧这个小动作，它非常重要。

放松几分钟。听课时间过长，大脑会感到疲劳和压力。下课后，可以通过深呼吸、闭眼放松等方法来缓解大脑的疲劳和压力。这样不仅可以让我们的身心得到放松，还可以让我们更好地迎接后面的学习。

无论选择哪种小仪式，都可以帮助你更好地准备自己，进入学习状态。

2. 回顾问题

回顾一下事先准备好的问题，对提高听课效率非常重要。在回顾预习笔记或用双色标记法标注过的教材时，不要花费过多时间，浏览一下即可。如果有多余的时间，可以根据问题找到相关的知识点，进行二次理解，然后通过课堂上老师的讲解来进一步加深对知识点的掌握。回顾问题能够充分调动我们的好奇心，激发听课的兴趣和学习的欲望，帮助我们更好地吸收课堂上的知识，提高学习效率。

3. 大脑辩论法

学会大脑辩论法，你就不仅仅是被动地听课了，而是积极地思考、质疑和探究，从而更深入地理解课程内容。这个方法可以帮助你更加主动地学习，并在上课的过程中发现更多的乐趣。

通过在大脑中与老师辩论，你可以用已有的认知结构与老师输出的信息进行碰撞，从而深入理解新知识。如果你的观点与老师相同，那么你的认知结构就会与新知识衔接，大脑中就会形成一个新的知识点；如果你的观点与老师不同，那么你就会产生一个疑惑点，这个疑惑点可以让你更加集中精力去接受新的信息，并寻找答案来消除你的疑惑。

大脑辩论法是一种非常有效的听课方法，可以激发思维的活力。当老师讲授新知识时，你可以在大脑中组织一场激烈的辩论。如果你认同老师的观点，你可以在内心发出"嗯，嗯，不错，说得真好"的赞同声；如果你不认同老师的观点，你可以提出质疑："说的是什么啊，怎么可能呢！"并抛出你的问题，当然你也可以质疑得再过激一点，调动一下情绪。

此外，上课应该积极准备回答老师的提问。有的学生特别害怕老师提问，老师一点名，就会心跳加快、手心出汗，不自然地想要避开老师的目光。被点到名之后也缺乏自信，支支吾吾，总是担心自己的回答不正确，过分在意他人的评价或期望，担心在老师和同学面前失去面子或得不到认可。

其实上课的时候，我们不应该害怕老师的提问，而应该积极回答。这样做有很多好处，比如，可以锻炼思维和表达，增强自己的参与感，获得信心和自尊，避免走神或听不懂。即使回答错了，也不要担心或害怕，因为老师可以根据我们的回答了解我们的知识水平和掌握情况，从而更好地发现我们的不足和疑惑，更好地指导我们学习。所以说，上课积极回答问题是一种很好的学习方式，可以让我们收获更多的知识和自信。

4. 课后提取法

课后提取法投入小见效大，可以帮助我们巩固课堂知识，初步地将课堂上学到的知识转化为自己认知结构中的内容。我们上课觉得听懂了，到晚上再回忆一下课堂内容，有可能完全想不起来，真正上手做作业的时候一片茫然，无从下手。根据艾宾浩斯遗忘曲线，我们记住的东西大约半小时之后就剩下一半了。所以在每节课后做一次小的提取练习非常必要。以下是一些可用于课后提取法的小技巧。

回顾笔记。在上完一节课后，拿出你的课堂笔记。因为你在课堂上用关键词的方式记录了老师讲的内容，所以可以根据这些关键词回忆老师讲解的内容，做一次小的提取记忆练习，这不仅有助于巩固你在课堂上学到的知识，还可以加深对知识点的理解。

与同学讨论。与同学讨论课堂内容，可以帮助你检验自己的理解是否正确，也可以了解其他人的思考方式，有助于拓宽自己的思路和认知。

总之，课后提取法是一种简单但非常有效的方法，每节课后花一点时间进行提取练习，可以让你事半功倍，最大化地巩固课堂上的收获。

5. 整体回忆法

浙江的一个小学三年级的孩子，听课效率不高。于是妈妈在晚饭后和孩子一起回忆当天课堂上的内容，从第一节课开始，尽可能地回忆老师都讲了什么。即使孩子回忆不出来所有内容，妈妈也不会让他感到沮丧，而是鼓励他坚持下去。这样做的结果就是，这个孩子听课时的注意力和吸收能力明显得到了提升。

整体回忆法是一种利用放学后对课堂内容的主动回忆，反过来影响听课效率的方法。如果时间比较紧张，可以采用说的方式，从第一节课开始一直说到最后一节，尽量回想老师讲了什么，能够回忆出多少就说出多少。如果时间比较充裕，可以把回忆出的内容写下来。写下来的好处是，可以对着写出来的内容进行补充，二次回忆。看到写下来的内容慢慢变多，心理感觉也会更加充实。注意，回忆出来的内容多少不重要，即使回忆不出来也不必过于沮丧。坚持使用整体回忆法，在以后的听课过程中会不自觉地集中精力，提高听课效率，更多地吸收课堂内容。

📖 6.2.4　听课的进阶和退阶

集体授课不可能像一对一那样，授课内容都处于每个学生的最近发展区（见本节末的小贴士）。多数情况下，老师都会按照一部分学生的理解程度来授课。这种情况下，会出现三种可能：一些学生会觉得老师讲的难度正适合自己，老师讲的正是自己不会的内容，而且经过老师的讲解能够听懂。另一些学生可能会觉得老师讲的太简单了，听老师讲课没有太大的意义，纯属浪费时间。还有一些学生则可能完全跟不上老师的授课进度，上课发呆，从而浪费了宝贵的课堂时间。

为了保证课堂效率，可以适当做一些进阶和退阶的学习。对于学习成绩好的学生，如果老师讲的内容都是你已经会了的，听课确实是在浪费时间，此时可以拿出你的消化本，复习学过的知识点，或者在不脱离老师节奏的前提下，进行深度探究学习。同样都是"学会了"的内容，理解的深度是不一样的。比如知识点的本质是什么，公式是怎么得出来的，还可以用到什么地方，跟其他公式进行比较，等等，让课堂的效率更高。而对于学习成绩不太好的学生，如果完全听不懂老师讲的是什么，就可以选择退阶。老师讲的听不懂，是因为某些知识储备不够，导致知识出现断层，无法衔接。与其上课发呆，不如向后退一下，回归到基本概念，重点理解课本上的基础知识。

无论是进阶还是退阶，目的都是让每节课发挥最大的作用。学生是学习的主体，学习的主动权一定掌握在学生手里。当发现自己宝贵的课堂时间白白浪费的时候，果断用进阶和退阶的方式确保听课的效果，提高整体学习效率，才是聪明的做法。

小贴士

最近发展区是俄国心理学家列夫·维果茨基提出的一个概念，用于描述一个人当前的发展水平与其潜在发展水平之间的差距。具体来说，最近发展区是指一个人在获得他人帮助或借助工具的情况下，能够完成但仍有一定难度的任务的那个区域。维果茨基认为，学习的过程不仅是个体内在的自发发展，也受到外部环境的影响。他认为，一个人的发展水平不仅取决于他目前已经掌握的知识和技能，还与他未来潜在的发展有关。最近发展区是一个人目前和潜在发展水平之间的区域，通过获得外界的帮助，一个人可以逐渐扩大自己的最近发展区，进而实现更高层次的发展。这个概念对于教育者来说非常重要，因为它指出了在教育教学过程中，教育者需要根据学生的最近发展区，帮助他们逐步提升自己的发展水平。

6.3　作业：轻松又高效地完成作业

作业是学习中不可避免的一个环节，也是会给学生带来很大压力的环节。本节将介绍作业压力大的原因，以及如何高效地完成作业。运用本节的方法，相信你能够更加轻松地面对作业，取得更好的成绩。

📖 6.3.1 为什么做作业"压力山大"

一位高三学生向我发出抱怨："我现在每天过得很累，却感觉一无所获。我甚至连老师布置的作业都无法完成，更别提写练习册了，练习册直接空着。老师知道我们写不完作业，却还要占用晚自习的时间，而且要占用两节，长达100分钟，留给我们写作业的时间只有晚自习的两节。白天上八节课，从早上6：30开始早读、上操、早读，接下来就是四节课。中午2：20进班，下午上四节课，一直上到5：30。6：30开始上晚自习，其中6：30到7：00这段时间还要练习听力，练完听力之后，差不多就7：00了。接下来的7：00到7：30留给我们写作业，7：40开始上第二节晚自习，接下来的两节晚自习，老师全部用来讲题。只有最后一节晚自习留给我们写作业。我们的作业没有时间写，老师还在那里不停地讲。老师总是说我们不写练习册，关键是我们真的没有时间写。老师上课讲得模模糊糊，下课如果不看，根本无法掌握当天的知识。我现在感到很迷茫，不知道该怎么办。"

实际上，不仅高三学生，其他年级的学生的作业压力也很大。我曾经做过一项调查，发现只有个别家长反映孩子的作业基本上不带回家，但成绩却相对不错。大部分家长反映孩子的作业负担很重，每天都要写作业到很晚。甚至有小学生每天都要写到晚上11点或12点，让家长既心疼又无奈。此外，许多学生在写作业时状态不一，有些磨蹭不前，有些感到痛苦，有些字迹潦草、马虎草率。作业成了学生失去学习兴趣的直接原因，也容易加剧家长和孩子、家长和老师之间的矛盾。

📖 6.3.2　做作业的 3 个意义

▶ 那么，老师为什么要布置作业呢？其意义主要有三点。

（1）检验。老师需要通过作业来检验学生对课堂上讲授的知识点的理解和掌握情况。除了课堂提问和小测验，老师可以根据作业情况改进教学方式，把握教学节奏。通过分析作业反馈，老师可以发现学生常犯的错误和薄弱点，并进行有针对性的讲解。如果没有作业的反馈，老师也不知道学生是否完全吸收了课堂上教授的内容，哪些方面需要进行调整。对于学生来说，在做作业的过程中，也可以发现某些理解不够深入的知识点，或者一些模糊的概念，及时补救。

（2）巩固。"做作业"对于学生来说，最大的作用就是对所学的知识进行巩固。做作业可以让学生通过练习，更好地理解和掌握所学的知识，形成深刻的记忆。这也是为什么在做作业之前最好先复习一遍白天学习的知识的原因。另外，做作业需要学生独立思考、解决问题和应用所学知识，也可以培养学生的自主学习能力和解决问题能力。

（3）拓展。在做作业的过程中，我们可以进一步拓展和延伸所学的知识，即我们常说的"举一反三"和"拓展应用"。通过做作业，我们可以拓宽自己的视野，产生自己的心得，进而扩展自己的思路，增强分析和解决问题的能力。

了解作业的意义，是为了让我们能够从作业的泥潭中挣脱出来，不要为了写作业而写作业。"做作业"仅仅是学习的一种手段而不是目的。不管是从老师的角度，还是学生的角度，最终的目的只有一个，就是提高成绩。

📖 6.3.3 高效完成作业的方法

暂且不考虑作业量的问题，我们先来分析如何提高做作业的效率。做作业效率低下的原因可以归结为两个方面：一是客观的作业难度的问题，二是主观的负面情绪的问题。

做作业是对白天学习知识进行检测和复习的方式之一。对于学生来说，白天的知识学习可能有三种情况：第一种是听懂并能立刻记住；第二种是听懂了，但很快就忘记了；第三种是根本没听懂。在晚上做作业的过程中，只有做第一种情况对应的问题的时候，能够顺利完成，但这种情况通常只占30%。对于第二种和第三种情况，做题会变得非常困难和痛苦，这两种情况占据了学生作业的70%，因此做作业就成了负担。同时，做作业过程中产生的负面情绪还会导致学生磨蹭、分心，作业完成速度缓慢。

如何高效地完成作业呢？这里有一个方法叫作"筛选法"。其核心思想是把简单的题目和难题分离开，采用冲刺和攻坚两种不同的节奏去完成作业。先做筛选出来的简单题目，快速进入学习状态，集中精力，增强意志，再来攻克难题。这样可以避免开始就做难题导致学习节奏紊乱的问题，同时也能解决由负面情绪带来的效率低下的问题。用筛选法做作业不仅可以提高效率，而且可以保证效果，事半功倍，一举两得。除了日常作业，筛选法也同样适用于题目数量更大的寒暑假作业。

▶ 下面是筛选法的具体操作步骤。

第一步：筛选问题

学生需要首先处理所有科目作业中的简单题目，遇到完全不会的题目不要死磕，先把它放过去。通过处理自己会的问题，学生可以逐渐建立自信，从非学习状态自然地进入学习状态。

第二步：集中加工

接下来，集中火力处理自己不会的题目。可以采用粉末化拆解、借助外力和答案学习法等方法来解决不会的题目。

第三步：录入消化

完成作业并不意味着任务完成，还需要深度消化知识点才能真正掌握它们。因此，学生要把作业中发现的需要二次消化的知识点记录在消化本上，并在三天内利用零碎时间消化巩固，夯实知识，巩固战果，把知识点真正变成自己的，保证学习效果。

📖 6.3.4　进一步提高作业效率的秘诀

晚上的时间集中处理好几科的作业还是比较吃力的，我们要想办法化整为零，充分利用零散时间把作业一点一点地处理掉，更加"优雅"地完成作业。以下这四个建议你可以试一下。

1. 预习和作业合并

▶ 比如说，数学老师给学生的预习任务可能是这样的。

（1）把下节课要讲的内容读一遍，把那些你认为的重要概念、定义等标出来。

（2）尝试解答例题：先将课本上的解答方法用纸盖住，自己审题分析后进行解答，解题后与课本上的方法对照；如果不会解答要认真看课本上的答题思路。

（3）把预习中遇到的难点抄到课堂笔记上。

那我们能否预测一下老师可能会布置的作业内容呢？老师的授课一般都有固定顺序，并且在布置作业方面也有规律可循。根据老师的喜好预测一下作业内容不是难事。另外，还记得前面我们讲的预习策略吗？对了，就是检测式预习。预测出老师要布置的作业之后，做一下预测的作业题目。这样不仅可以完成预习任务，保证预习质量，同时还可以完成一部分作业，一举两得。所以，做作业的任务在预习期间已经开始了。

2. 中午时间搞定简单作业

在前面高三同学的例子中，他中午 12 点下课，下午 2 点钟上课，扣除半小时吃饭时间，半小时睡午觉的时间，还有一小时。这一小时完全可以完成一部分作业。但是这段时间大脑还没有完全清醒，所以最好还是先完成简单的作业。

3. 课上扫清难题障碍

在上课的过程中扫清难题的障碍。难题是听课的目标，当老师讲解你不会的题目时，在课堂笔记上简单记下老师的思路，晚上做作业的时候拿出课堂笔记，边把课堂笔记上的内容整理到进步本上，边做这个知识点对应的题目。如果老师没有讲到作业中的难题，那么第一时间找老师或同学请教。这样会大大缩短做难题的时间。

4. 晚上整理加扫尾

试想一下，经过预习、午间处理简单题目，又经过高效的课堂吸收和课后第一时间请教老师，扫清了难题的障碍，又在整理消化本的过程中处理了一部分难题，那还能剩下多少作业呢？可以说寥寥无几了，大刀阔斧地扫尾就可以了。

📖 6.3.5　作业确实过多怎么办

如果采用了上述方法，作业仍无法完成，可能是作业量过多了。各科老师常常会在不经意间犯下这个错误。老师按照自己学科的进度要求安排课后作业，用作业的方式延伸课堂的教学，却忽略了其他学科的情况。每个老师都认为自己布置的作业不算多，只需要一个小时就能完成，但语文、数学、英语、政治、物理、历史、地理、生物、化学等科目加起来的作业量就会很吓人。即便这些课程不是每天都有，但语数英基本上每天都有作业，这三科每科一小时就得三小时了。另外，有的老师布置作业不用心，例如发了两份练习册，有很多重复的题目。这会让学生浪费大量时间去做重复工作。也有一种情况是老师只布置作业，却不收、不批、不改。学生做完作业之后一点反馈都没有，这样的作业完全没有意义。

作业过多会导致学生的正常时间被挤压，花很多时间做作业，导致学生迷茫、焦虑，每天都感到很累。这个时候要更新观念："作业不等于进步！"要摆脱"必须完成作业"的执念。作业只是一种学习形式，不是学习的目的，更不是学习的全部。每天的学习目的只有一个，那就是"进步"。进步是找到问题之后精细加工，精细加工之后深度消化。如果学的东西根本无法消化，可以果断舍弃。举个例子：小明一天最多可以吃三碗饭，但是他非要吃八碗饭。由于消化不了这么多食物，很快他的胃就会罢工，积食，出现胃病。别说成长了，小明连基本的健康都无法保证。学习也是一样，学进去的东西超过了消化能力，也很容易出现学习上不健康的表现，如疲惫、迷茫、焦虑等负面情绪。

另外，关于抄写类的作业，简单说两句。抄写确实可以加深印象，尤其是小学阶段的学生。比如中文的基本字词句，每个字抄写十遍可以练就基本功。但是大量的抄写，甚至是惩罚性的抄写，是愚蠢的行为。罚抄对于大脑来说就是一个惩罚，非但对学习的进步没有丝毫作用，而且会严重打击学生学习的积极性。

所以作业只是一种形式，只要通过作业发现问题，不断查缺补漏，学习的进步是自然而然发生的，学习者的心态也会越来越好。把"作业、作业、作业"换成"进步、进步、进步"，勇敢地跳出老师的框架，重新掌握学习的主动权，摆脱焦虑，让学习变得有节奏、有秩序，重回从容不迫的心态，维持学习进步的正向循环，这就是成功的学习！

6.4 考试：把"满分"作为基本要求

考试是检验学习成果的手段，但它更是一种学习方式。很多人没有正确对待考试。在本节中，我们将介绍通过考试来学习的重要性，以及如何通过多轮刷卷和建立满分意识，充分利用好每一张考卷。

📖 6.4.1 考试是一种学习方式

一个被大量科学实验反复证明的现象是："在相同的条件下，考试比单纯复习的学习效果要更好"。这个现象被称为"提取练习效应"，也叫"考试效应"。

2008 年，美国普渡大学的研究人员在世界最权威的学术期刊之一《科学》杂志上发表了一篇文章。研究人员做了一个实验，他们招募了一批美国大学生，分成四组，进行 Swahili（斯瓦希里语）的学习。一开始，大家的起点都一样，也都在一起学习，在学习过程中，掌握单词的速度不相上下，没有明显的区别。但是在安排复习和考试时，研究人员把学生分成了四组，分别提出了不同的要求：

第一组：学生复习全部单词，再把全部单词都考一遍；

第二组：只复习考试的时候没有答对的单词，不过还是考全部的单词；

第三组：复习全部单词，但只考以前不会的；

第四组：只要是已经答对的单词就不再进行考试也不复习。

后来学习中断一周，一周之后再次考试。考试结果出人意料，每次考试都考全部单词的两个组，都能准确地记住 80% 的单词。每次都复习全部单词，但考试只考错词的第三组，只能记住 1/3 的单词，跟只考试和复习错词的第四组相差不大。

可以这样说，虽然学生普遍对考试抱有排斥心理，而很多家长也认为考试会给孩子带来很大的压力，但不可否认的是，考试不仅仅是老师检测学生学习情况的手段，更是学习者提高自身学习效果的最佳途径。然而，许多人在考试结束后过于注重分数，忽略了通过考试来提高自己的能力。有些学生只看一眼分数就把试卷抛之脑后，没有后续的反思和行动；有些稍微好一些，会整理一下试卷中的错题并加以复习，但这还远远不够。考试并不是学习的终点，而是起点。试卷是三大进步空间之一，它是一个帮助学生寻找问题的天罗地网。如何通过试卷来促进学习呢？我总结了两个方法，即"多轮刷卷"和"满分意识"。

📖 6.4.2 多轮刷卷 + 满分意识

通常，学生在考试中拿满分是很难的，但是考试之后，通过多轮刷卷达到满分是没有那么难的。什么是多轮刷卷？简单来说，就是如果没有达到满分，就再刷一遍试卷，如果还有错题，就再刷一遍，直至刷到满分为止。这样做的好处有两个：一是试卷上没有得分的部分，就是实实在在的知识漏洞或技能漏洞。弥补漏洞，把技能夯实，就可以获得实实在在的进步。二是分数对于学习者来说具有很大的心理影响，刷到满分可以带给学生最直接的成就感和自信心，这有助于激发学习者内在动机，进而更好地投入学习中。

▶ 多轮刷卷的具体步骤如下。

第一步：精细加工

首先，将试卷中出错的、不会的题目进行一轮精细加工，不留下任何疑惑，直到学会弄懂为止。

第二步：重刷试卷

然后，重新做一遍试卷，自己进行批改，看第二次能否达到满分。如果得分低于 60 分，需要整张重做，因为得分低表明基础知识掌握不牢固。如果得分高于 60 分，可以只做丢分的试题，提高效率。举个例子，如果你发现这张试卷有 40 分的题出错了，你可以通过查看答案或请教老师的方法弄懂错题，然后再刷一遍试卷，这样分数肯定会提高。

第三步：刷到满分

重复上述步骤，直至达到满分为止。有些成绩好的学生在第二轮就能达到满分，而成绩差的学生则需要经过 4 ～ 5 轮才能达到满分。

第四步：录入消化

刷到满分之后，把刚学会的知识点记录在消化本上，并进行深度消化。

从学习的角度来看，试卷刷到满分并进行深度消化才是标准操作，学习者应该始终保持追求满分的意识，将别人的天花板当作自己的地平线！如果在每一张试卷上都进行这样的处理，那么在最终决定人生命运的那张试卷上取得高分的概率将大大提高。

📖 6.4.3 怎样分析试卷

考试是检验学习成果的方式，也是促进学习进步的动力。考试之后，我们应该怎样对待自己的试卷呢？有些同学可能会把试卷随手扔掉，或者只是简单地看一下分数，然后就忘记了。他们认为考试已经结束，再看试卷也没有用了。这样的做法是不正确的，也是不负责任的。因为这样就错过了一个提高的机会。

试卷是我们学习的镜子，它可以反映出知识掌握情况，我们的优点和缺点，我们的方法和技巧。如果我们能够认真地分析自己的试卷，找出错误和不足，及时反省和改进，那么我们就可以避免重蹈覆辙，提高自己的学习效率和水平。反之，如果我们不去分析自己的试卷，不去反省自己的问题，那么我们就会在下一次考试中重复同样的错误，甚至犯下更多的错误，导致成绩下降，失去信心和兴趣。到那时，我们就没有挽回的机会了。

所以，我们应该用反省代替后悔，用行动代替遗憾。考试之后，应该及时拿出自己的试卷，仔细分析，找出自己做对和做错的题目，总结规律和特点，找出知识盲点和方法误区，制订改进措施和计划，并付诸实践。这样，我们才能真正地从考试中学到东西，才能真正提高学习能力。

▶ 那么在拿到试卷后，我们该如何进行试卷分析呢？

第一，分析成绩

对成绩的分析不能仅仅看分数的高低，而要全面考虑各个学科的成绩以及同年级的整体水平。我们需要知道自己的名次，以及自己是否有进步或者退步。这样才能更好地了解自己各个学科的优势或劣势。

第二，分析错题

我们需要弄清楚错题的原因，是因为"没见过""不会做"还是"不熟练"导致的扣分。如果是因为"没见过"，说明我们平时见题量不足，需要扩大题目练习量，扩大消化本上的问题数量，以涵盖更多的知识；如果是因为"不会做"，那么我们需要认真回顾当时学习的过程，发现问题后要记下来，通过拉长解决问题的时间、精细加工、借助外力等方式来充分理解问题、弄通弄懂；如果是因为"不熟练"，那么我们需要深度巩固，检查消化本上的内容，看是否有每日 3 ～ 6 次的复习，是否进行了周复习和月复习，是否要通过刷题的方式来加深印象和深度消化。

第三，反思考试技巧

我们需要反思自己在考试心态、答题标准、时间管理等方面是否存在可以改进的地方。只有通过不断地反思，才能不断优化自己的考试技巧。

第四，满分刷卷

完成试卷分析后，要根据上面介绍的方法多轮刷卷，重复练习，把试卷刷到满分。这样才可以加强对知识点的掌握。只有经过反复练习，才能真正消化所学知识，提高自己的水平。

6.5　复习：高效复习的原则和方法

在学习的过程中，复习环节可以巩固已学知识，强化记忆，提高知识应用能力。本节将介绍复习的重要性，复习的意义以及高效复习的五个原则。通过学习这些内容，你可以更好地理解复习的意义、复习的方法，提高复习效果。

📖 6.5.1　复习为何这么重要

为什么复习如此重要呢？让我们听两个小故事。

第一个故事是关于我国著名桥梁专家茅以升的。茅以升小时候就能背出圆周率小数点后一百位数字。在八十多岁时，他仍能够轻松地背出这些数字。有人问他是怎么记住的，他回答："就是重复、重复、再重复！"如果他没有在少年时反复背诵，就不可能形成这样强大的记忆力。

另一个故事是关于著名漫画家丰子恺的。他曾用几个月时间学会了一门外语，而他的学习方法被他总结为"二十二遍阅读法"。他在开始学习这门外语时，第一天阅读第一篇文章 10 遍，第二天阅读第二篇文章 10 遍，并且重新阅读第一篇文章 5 遍，第三天阅读第三篇文章 10 遍，重新阅读第一篇和第二篇文章各 5 遍，第四天阅读第四篇 10 遍，第二、三篇各 5 遍，第一篇 2 遍，他每篇文章总共阅读了 22 遍，因为繁体字的"读"字有 22 个笔画，每读一遍就添一笔，22 遍下来，刚好写完一个"读"字。通过不断重复，他很快就能够阅读外语的长篇小说，并且后来做了大量的翻译工作。

复习就像在大脑中留下印迹一样，每一次重复都会加深这个印迹。再聪明的人，如果不复习，也无法牢固系统地掌握所学知识。想要巩固深化所学知识，提高成绩，必须认真复习。

📖 6.5.2　复习的意义是什么

具体来说，复习具有以下几个方面的意义。

1. 弄懂课堂上没有理解的知识

在课堂上的短暂时间内，学生可能无法完全理解老师所讲授的知识。因此，复习就成了必要的补充。在复习过程中，可以找出自己听不懂或者理解不够深刻的知识点，并通过反复学习和思考，使其更加清晰明了。特别是数学、物理等需要深刻理解的学科，在课堂上讲授的知识有着相互联系和连续性，若对于前面的知识点没有完全理解，将会影响后续的学习，甚至形成恶性循环。

2. 强化知识的记忆效果

即便在课堂上听懂了，也不代表完全记住了。只有经过大量的重复和巩固才能形成长时记忆，否则只是短时记忆。有些同学在考试前临时抱佛脚，但这种方式往往效果不佳。根据艾宾浩斯遗忘曲线，记忆的衰退速度是先快后慢，特别是前期，记忆衰退速度非常快。临考前几天突击记住的内容，在考试时往往会忘记大半。即使记得住，刚学的知识没有充分融会贯通，也缺乏灵活应用的能力。因此，要想在考场上取得好成绩，平时就要下功夫，依靠稳扎稳打的长期记忆才能取得好成绩。

3. 融会贯通，深化理解，形成知识体系

有句话叫"常看常新"，为什么有的书要多看几遍，而且每次看都会有新的深刻的感受呢？就是因为人们对知识的理解是一个逐渐深化的过程。特别是一些难度很大的知识，往往不能一次性就理解得很透彻。在不断反复学习、琢磨的过程中，才可以做到真正透彻地理解。指望一次学习就可以融会贯通、举一反三，是不太现实的。另外，只有让知识在大脑中不断重现，知识和知识的联系才能渐渐清晰起来，知识才能更加系统化、体系化。

📖 6.5.3 高效复习的 5 个原则

复习并不是简单重复阅读或背诵，而需要有一定的策略和方法，才能达到最佳的效果。那么，如何进行高效复习呢？有没有一些通用的原则和技巧，可以指导我们制订合理的复习计划，提高复习质量和效率呢？答案是肯定的。下面，我们就来介绍高效复习的 5 个原则，如图 6.2 所示，帮助你提高复习效率，避免无效的重复和遗忘。

图 6.2　高效复习的 5 个原则

1. 及时复习

及时复习是高效复习的第一个原则，它指的是在学习新知识后，尽快进行第一次复习，而不是拖延到很久以后。及时复习的好处是，它可以降低遗忘的程度和速度，巩固和加深对知识的印象，发现和纠正自己的错误，为后续复习打下坚实基础。及时复习的时间应该根据学习的难度和量来确定，一般来说，可以遵循以下规律：学习越困难、越费力，内容越多，及时复习的时间越早；学习越容易、越轻松，内容越少，及时复习的时间越晚。但是，无论如何，及时复习的时间不应该超过 24 小时，否则效果就会打折扣。

2. 分散复习

分散复习是高效复习的第二个原则，它指的是将复习分散到不同的时间点，而不是集中在一次或几次。分散复习的好处是，它可以避免受到遗忘曲线的影响。人们对新学的知识在一段时间后会忘记大部分，而随着时间的推移，遗忘的速度会越来越快。分散复习可以通过前面讲过的高频回顾的方式实现，每次回顾都可以加深对知识的印象，巩固记忆，延缓遗忘，通过三天的高频回顾，达到熟练掌握的程度。

3. 交叉复习

交叉复习是高效复习的第三个原则，它指的是在复习时，不要只复习一门科目或一个主题，而是要交叉复习不同的科目或主题。

很多学生在复习时，喜欢花费半天或一整天的时间去复习一门课程的内容，这种做法并不科学。因为大脑一直接受单一的信息，很快就会失去新鲜感，产生疲劳；此外，相似性越高的内容，它们之间的干扰也就越多。为了避免这种情况，我们最好通过交叉复习来不断刺激大脑。交叉复习的好处是，它可以增强对知识的联系和整合，提高对知识的理解和应用能力，激发对知识的兴趣和创造力，防止产生厌倦和疲劳。

消化本上的内容是包含所有科目的，进行一次复习的时候，不同的科目相互交叉，也是考虑到交叉复习的原理。

4. 提取记忆

提取记忆是高效复习的第四个原则，它指的是在复习时，尽量从记忆中提取出所学的知识，而不是简单地重读或重写。提取记忆的好处是，它可以增强记忆的稳定性和可靠性，提高对知识的理解和应用能力，检测自己的掌握程度和遗忘点，发现自己的弱项和盲点。提取记忆的方式有很多，例如回答问题、做练习、复述内容、总结要点、画思维导图、比较异同、举例说明等。提取记忆的难度应该适当，既不能太容易，也不能太难。太容易的提取记忆会让人感到无聊，太难的提取记忆会让人感到沮丧。提取记忆的频率应该根据知识的性质和个人的需求来确定，一般来说，可以遵循以下规律：知识越抽象、越复杂、越容易混淆，提取记忆的频率越高；个人对知识越不熟悉、越不自信、越想要掌握，提取记忆的频率越高。

5. 过度学习

过度学习是高效复习的第五个原则。过度学习理论是由德国著名的心理学家 H·艾宾浩斯提出的，他使用了一些无意义的音节作为记忆材料，通过不同的学习和复习次数，测量了记忆的保持和迁移效果。他的研究表明，随着学习次数的增加，学习效果呈现的速度先快后慢，到一定程度后会达到最高点。这个最高点的次数通常是正常学习次数的 50%。但过度学习不是越多越好，超过 50% 的学习次数会导致疲劳感，降低学习效果。也就是说，达到 150% 的学习程度可以获得最佳记忆效果。比如说，背一首诗用 12 次刚好能够背下来，为了达到最佳记忆效果，还需要再背诵 6 次。

总之，高效复习的 5 个原则是及时复习、分散复习、提取记忆、交叉复习和过度学习。如果能够遵循这些原则，并根据自己的实际情况进行调整和改进，我们就可以享受高效复习带来的好处和成就感。

📖 6.5.4　平时、周末和考前分别要怎样复习

根据时间划分，复习可以分为平时复习、周末复习和考前复习，如图 6.3 所示。下面，我们将详细讲述如何进行复习，完成三种复习才能达到最佳的学习效果。

平时复习	三天高频回顾
周末复习	加速内化和检测复习
考前复习	加强整合式复习

图 6.3　三种复习总结

（1）平时复习。平时复习就是利用消化本进行高频回顾，以三天为一个周期进行分散复习。如果平时复习认真、扎实，会大大减轻周末和考前的复习压力。

（2）周末复习。在周末复习时要注意两点：加速内化和检测复习。因为周末有更多的自由时间，可以把平时只能记住的知识慢慢内化，深入理解。记住和内化是两个不同的概念：记住知识是指在脱离原材料的情况下还能够复述出来，而内化知识则意味着把知

识融入个人知识体系，成为自身知识结构的一部分，这才是真正的掌握。判断一个知识点是记住了还是内化了，方法很简单：能够自如地向他人讲述就是内化了，只能机械地背诵给别人听就只是记住了。检测复习是通过使用检测的方法来识别知识漏洞，并集中进行复习。在检测复习中，可以运用多轮刷卷的方法来发现问题、精细加工。

（3）考前复习。考前复习是在月考、期中期末考或大考前进行的复习，主要目的是针对消化本上记录的知识点进行全面复习，以及整合之前学过的内容使之成体系。这个时候，思维导图就显得非常有用，因为它能帮助你整理记忆中的大量知识，使其变得清晰、有条理。通过思维导图，可以快速验证哪些知识是已经掌握的，哪些知识是有疑问的或是模糊的，及时处理这些知识漏洞，以保证复习效果。在考前，面对一张清晰的思维导图，你的心理上也会更加踏实。

第7章

持续学习，成为成熟的学习者

在之前的章节中，我们已经学习了提高学习效率的方法。那么，你还记得学习成绩的计算公式吗？学习成绩由学习效率和学习时间两个因素共同决定。因此，仅仅知道学习方法是不够的。你需要在实践中正确应用学习方法，并保证足够的学习时间，才能够达到学习目标。这里需要解决的是学习者的心态问题。想要长期保持高效的学习能力，必须将自己打造成一个"成熟"的学习者。本章我们将先探讨"不成熟"学习者的三个特征，然后讨论如何成为一名成熟的学习者。

7.1 不成熟学习者的三个特征

我们都希望自己能够成为一个成熟的学习者，取得更好的成绩。然而，有些人却一直处于不成熟的学习状态，导致进步缓慢。本章将会从认知、专注度和动力三个方面分析不成熟学习者的特征，帮助大家更好地了解自己的学习状态，找到改进的方法。

📖 7.1.1 认知模糊，缺乏方法

不成熟的学习者常常表现出认知模糊和学习方法不清晰的特点，包括以下几点。

第一，刻苦学习却没有效果。有些学生埋头苦学、死记硬背，学习行为比较机械，花费的时间与学习效果不成正比，事倍功半。这类学生往往没有掌握好的学习方式，没有掌握提高学习能力的方法，甚至还没有"开窍"，不懂得学习的本质。

第二，基础薄弱。对学科的定义、定理、定律等基本概念理解不够深入或者根本没有理解。原因往往也是学习方式不得当。比如记忆方法不合理导致知识点脱节，知识出现断层，知识体系出现混乱；未养成课后复习的学习习惯，导致知识点掌握不扎实，熟练度不高。

第三，题目一做就错。表现在简单的题目掉以轻心，漏题丢分；中等难度的题目审题不清，需要应用什么公式拿不准，题目做对做错心里不确定；复杂的题目，由于自身的知识结构和思路没有到位，缺乏一定的分析能力，不知道如何处理。原因在于没有掌握

正确刷题的方法。比如说，对课本和课堂上老师补充的内容没有透彻理解，就开始盲目刷题。对例题的理解不够透彻，做不到举一反三。大量刷题的时候，没有对基本解题技巧和解题步骤进行刻意训练，导致做题缺乏逻辑性。

📖 7.1.2　学习不够专注

小明今天晚上要在家学英语、数学和历史。他 8 点半就坐到书桌前，准备好了书本、笔记和文具。可是他怎么都学不进去，老是被外面的事情分心。他看看窗外，觉得风景很美，路上的人和车，天上的鸟和云，都让他想出去玩。他又看看墙上的钟，知道时间不多了，就赶紧拿起英语书。

他想要背单词，可是他很快就不想学了。他手里拿着笔，却不写东西，只是在纸上乱画。他想要集中精神，可是他太累了，听到什么都会分心。他觉得学习太无聊了，干脆戴上耳机开始听歌。

学习的时候，他的心里想着别的事情，比如今天下午玩了什么，明天要做什么。隔壁房间的电视声或音乐声也打扰了他。他想要清醒一点，可是却越来越困了。

这样过了一个多小时，他才开始背单词。但是他背得很差，每个单词都要看好几遍才能记住，而且还老忘。他没有用什么方法来记单词，只是死记硬背。这样背了一会儿单词后，他觉得很无聊，就开始做别的事情。

两个小时过去了，小明只背了 10 个单词，还有几个是以前就会的。他一看时间，已经快 11 点了，时间过得太快了。

小明觉得很后悔很难过。他知道自己今天又浪费了时间，明天还要被老师和家长责备。他知道自己必须赶紧结束今天的学习，早点睡觉。在这种情况下，他靠着最后的决心，努力继续学习，草草完成了所有的作业，这时已经 12 点了，他感到非常累。

小明的案例非常典型。学习不专注会影响我们的学习效果和成绩，甚至会影响我们学习的自信心。那么，为什么会学习不专注呢？有哪些原因导致注意力分散呢？下面就来分析一下导致专注力差的几个原因。

1. 环境因素

当你在学习的时候，电视里传来吸引人的声音，你忍不住要去看一眼；当你正专心做题的时候，家长或兄弟姐妹突然闯进来，打断了你的思路。这些都是学习环境对你的干扰，让你无法集中注意力。

2. 目标不明确

学习者没有明确的学习计划，只是随意地看看书，做做题，没有具体的目标和期限；或者学习者没有明确的学习动机，只是为了应付考试或者满足他人的期望，没有自己的理想和追求。

3. 情绪波动

考试分数的波动会对情绪产生很大影响。当你考试得了高分，你觉得自己很棒，非常骄傲；当你考试失利，你觉得自己很差劲，没有信心。这些都是情绪波动对你的影响，让你不能稳定地投入学习。

4. 没有兴趣

有时候，你可能对自己擅长的科目很感兴趣，对自己不喜欢的科目很排斥，导致你不能平衡地处理各门功课。

5. 性格因素

一些学生的个性比较开朗、易冲动、兴趣广泛等，缺乏耐心和毅力。他们做作业时难以静下心来，常常会分心，犯粗心大意的错误。此外，他们也容易犯一些低级错误，比如看错题、把握不好细节等。

6. 逆反心理

青春期以及家庭原因，比如当老师或家长对你说教或批评时，你觉得他们很烦人，不理解你；当他们对你有所期待或要求时，你觉得他们很苛刻，不尊重你。这些都是逆反心理对你的驱动，让你不愿意接受他们的指导，没有心思学习。

📖 7.1.3　学习动力不足

缺乏学习动力是一个普遍存在的问题。如果在学习过程中缺乏动力，可能导致学习的持续性不够。这种情况主要体现在两个层面。

首先，缺乏学习兴趣。 许多因素可能导致学生失去学习兴趣，例如对某个学科不感兴趣、不喜欢某个老师、不适应某个老师的讲课方式、没有明确的学习目标等。如果已经失去了学习兴趣，则可能表现出对学习消极应对，如上课走神、写作业过程中出现"神游"现象、感觉学习乏味等，从而影响学习效率。缺乏学习兴趣会导致成绩下降，进而更加没有兴趣去学习，由此形成恶性循环。解决这一问题的关键是让学生尽快获得成就感，从而激发上进心和求知欲。

其次，对学习表现出极端的抗拒甚至厌恶。 厌学的学生对学习毫无兴趣，认为学习是一种负担，是一件非常痛苦的事情。他们难以完成一般的学习任务，常常逃学、旷课，严重的可能导致辍学。

总的来说，不成熟的学习者通常表现为认知含糊、缺乏专注力、动力不足。相比之下，很多人在玩游戏时则表现出积极主动、百折不挠和精益求精的特点。为什么玩游戏容易让人沉迷呢？因为游戏投入小、回报快，几乎不需要意志力就能快速获得精神上的享受。而学习则投入大、回报慢，一天两天的学习不会立即反映在成绩上。虽然学习的吸引力不如玩游戏那么大，但学习的影响力却要大得多。从小到大，学习都会对我们的生活产生影响：学习能影响眼前的成绩，而在终身学习的时代，不学习就无法应对未来日益复杂和多变的社会。下面，我们从认知、专注力和持续学习三个方面，讨论成熟的学习者是什么样的，以及如何让学习像玩游戏一样上瘾。

7.2 清晰认知，让学习不再迷茫

在学习过程中，很多人常常会感到迷茫、焦虑，这很可能是对学习的认知不够清晰导致的。本节将探讨什么是清晰的学习认知，以及成为学霸需要具备哪些意识。

7.2.1 对学习清晰的认知

清晰的起点和终点。学习的目的是在大脑中获得一个极度清晰、完备的知识体系。学习的起点就是问题，问题的终点就是极度熟练的知识和技能。明确起点，可以开启高效学习的大门，明确终点，可以让学习有的放矢、少走弯路、直线进步。

清晰的路径。学习就是要通过进步循环实现不断的进步。进步循环只有三个步骤，即寻找问题、精细加工、深度消化。每天坚持积累小的进步，学习就会有指数级的提升。

清晰的障碍。碰到难题怎么办？遗忘是怎么被克服的？散乱的问题如何解决？对于这些问题前文已经给出了应对之策。认清障碍并扫清障碍，是持续学习的保障和底气。

📖 7.2.2　成为学霸的 6 个意识

学霸之所以是学霸，绝不仅仅靠脑子聪明，或者靠自己努力，甚至不是靠多么高明的学习方法。学霸的学习方法固然有值得模仿的地方，但他们的"学霸意识"才是对普通人真正有用的东西。养成学霸的意识，会起到四两拨千斤的作用。相信经过前面各个章节的铺垫，下面要讲的成为学霸的必不可少的 6 个意识应该不难理解。这 6 个意识是问题意识、粉末意识、开水意识、满分意识、整合意识和进退阶意识，如图 7.1 所示。分别来看一下。

图 7.1　学霸的 6 个意识

1. 问题意识

学习无非就是找到一个一个的问题，一次一次地把问题变成知识的过程。学会处理一个问题，就会处理成千上万的问题。把问题意识扎根在大脑里面，面对学习的时候，就不会那么茫然、无从下手。

2. 粉末意识

遇到难题的时候，学会拆分，由一个大问题拆分成若干小问题，再由小问题拆到不能再拆的"粉末化"问题，然后一个一个去攻克，会发现原来觉得很难的问题也不过如此。

3. 开水意识

像烧开水一样，把知识消化到极致熟练。烧开一壶水，再烧下一壶。养成开水意识就是熟悉这种极致熟练的感觉。把知识学到极致，会收获踏实的感觉。

4. 满分意识

绝大部分孩子很少有机会体会满分的感觉。通过前面讲的多轮刷卷的办法获得满分，拉高心理预期，会让学习者觉得"我可以"，从而更有力量去面对阻碍他达到成功的困难。

5. 整合意识

学习最终获得的是一个相对完整的知识体系，学会通过思维导图的方式把散乱的知识梳理清晰，让知识串起来、连起来，形成结构，才能融会贯通，无比通畅！

6. 进退阶意识

"进退阶"这三个字太重要了。学习一定不是一帆风顺的，当你意气风发的时候，可能突然备受打击，又或当你一筹莫展的时候，又可能会柳暗花明。所以学习要有进退阶的意识，技能不会，那就退到理解，理解不了，那就退到识记。

举个例子：当你学习一个新的知识点的时候，你可能会遇到不同的难度和挑战。有时候，你可以很快地掌握它，并且能够灵活地运用它。这时候，你就可以进阶，去尝试更高层次或更复杂的知识点或技能，挑战自己的极限。有时候，你可能会觉得学起来很困难，甚至无法理解或记住它。这时候，你就需要退阶，你需要回到更基础或更简单的知识点或技能，重新巩固和梳理它们。比如，你在学习英语语法时，遇到了一个复杂的句型或结构，你可以先退到它的基本成分或规则，然后再逐步分析和理解其用法和意义。再比如，一道数学题，怎么死磕都做不出来，那就去分别弄懂这道题题干的意思、这道题答案的意思。如果是因为公式、定义等基础知识储备不够导致的，那就退到基础知识的积累。

你可以根据自己的实际水平和具体情况调整自己的学习节奏和难度，避免过于急躁或沮丧，保持自己的学习动力和信心。

7.3　高度专注，1 小时学出 5 小时的效果

如果你想在更短的时间内学到更多的知识，那么你需要掌握一个关键的技能：专注力。专注力是指你能够把注意力集中在一个目标上，不受外界干扰的能力。专注力强的人比专注力弱的人学习更快、更深入、更有效。本节将告诉你为什么专注力对学习如此重要，以及如何通过一些方法达到高度专注的状态，这是一种让你完全沉浸在学习中，忘记一切的状态。

📖 7.3.1　为什么专注力这么重要

你可能以为学霸都是勤奋刻苦，没有任何娱乐的书呆子，其实不然。我认识的学霸，有的爱玩游戏，有的爱看小说，有的喜欢 NBA，兴趣爱好五花八门。他们之所以能成为学霸，并不是因为他们不玩，而是因为他们懂得玩学分明，玩的时候尽兴，学的时候专心。

专注就像把光线聚焦到一点，用凸透镜照射一张白纸，几秒钟之内，白纸就会被点燃。学习的时候，也需要有这种专注的精神：上课时全神贯注听讲，看书时心无旁骛，做作业时一心一意，这是学习成功的根本保证。如果缺乏这种专注力，即使天资聪颖，智商很高，学习的效果也不会很好。

专注力是提高学习效率的关键因素。一个学习者的学习状态好

坏，只要看他在学习的时候专注的程度就可以了。我观察过很多学霸的学习状态，他们可能没有学习很长时间，但是学习时一定是高度专注的。也可以说高度专注是成熟的学习者的一个必要条件。为什么这件事这么重要呢？

首先，专注状态下，学习效率高，可以让你在最短的时间内取得最大的学习成果。 原因有两个：一是在专注状态下，你可以有效地利用每一分钟，不会浪费在走神或分心上。二是在专注状态下，你可以让大脑保持活跃和敏锐，脑神经和潜意识可以帮你捕捉和处理必要的信息，不管是记忆力还是思考力都可以得到显著提升。比如说，在高度专注状态下你可能只需要 1 小时就能完成别人花 3 小时才能做完的事情。

其次，专注状态可以拉长总体的学习时间。 你有没有这种体会，当大脑杂乱无序、心猿意马时，身体就会感到疲劳。相反，当大脑专注、清晰、有序时，学习反而更轻松和愉快。这样你就可以把更长的时间投入学习中，并且不觉得累。

再次，专注状态可以让你体会到学习的快乐。 沉浸式学习可以让人过滤掉焦虑、烦躁等负面情绪。很多学霸会觉得自己"不够努力"，好像并没有比别人付出更多，其实不是他们真的没有努力，而是因为面对学习这件事他们不是痛苦的，而是快乐和积极的，自然就无需和自己的意志力作对抗，而是享受学习。

📖 7.3.2　比专注更专注的心流状态

如果把专注值拉满，达到极致的专注状态是什么样的呢？

先讲一个关于牛顿的小故事。据说牛顿在做科学研究的时候非常投入。有一次，给牛顿做饭的老太太有事要外出，就把鸡蛋放在了桌子上，让牛顿自己煮着吃。老太太怕牛顿不当回事，把鸡蛋煮老了，就细心地把牛顿的怀表拿出来，放在鸡蛋的旁边，并且叮嘱牛顿，一定要看着时间，不要煮过了。可是当老太太回来的时候，却发现鸡蛋原封不动放在那里，锅里却咕嘟咕嘟地煮着怀表。原来牛顿专注于做实验，把怀表当鸡蛋给煮了。当然这是坊间传闻，不知道是真是假，毕竟牛顿的年代已经过去几百年了。

但是你肯定有过这样的经验：由于做一件事情太过投入，比如专心读一本书的时候、跟好朋友聊天的时候，不知不觉天就黑了，忘了吃饭，忘了睡觉。这就是达到了极致专注的状态。

有个心理学家花了 25 年时间，调研了数百位艺术家、运动员、音乐家、棋坛高手及外科医生，专门研究他们所谓的"巅峰状态"。这个心理学家就是米哈里·契克森米哈赖，积极心理学之父。他在 2004 年首次提出了心流的概念。他将人们进入心流时的状态描述为："你感觉自己完完全全在为某件事而努力，就连自身也都显得很遥远。时光飞逝。你觉得自己的每一个动作、想法都如行云流水一般发生、发展。你觉得自己全神贯注，所有的能力被发挥到极致。"这种心流状态就是比专注还专注、专注到极致的状态。

就像前面说的，我们普通人也会有那么一些时间片段进入心流的状态。而那些善于专注的人，他们进入心流状态的次数会更多，维持的时间也会更长。

📖 7.3.3　怎么进入心流状态

那么，怎么才能快速进入心流状态，达到极致的专注呢？自米哈里开始到现在，对于心流的研究一直没有停止过。关于怎么快速进入心流，很多人提出了很多方法。比如，选择你喜欢做的事情、设定清晰的稍有难度的目标、创造极简环境排除外界干扰、寻求外部监督、增加一些压力、创建实时反馈机制、设置进入心流状态的开关动作，等等。我把这些条件归纳分析之后，提炼出必不可少的三个条件，它们分别是目标明确、难度适宜、反馈及时，如图 7.2 所示。

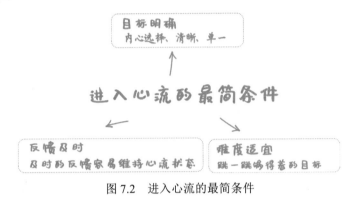

图 7.2 进入心流的最简条件

1. 目标明确

这个目标首先是遵循内心选择的目标，你清楚地知道这个目标的意义所在；其次目标是清晰的，要非常清楚地知晓完成目标大概需要花费多长时间，自己是否可以胜任。单位时间最好只有一个目标。例如你想今天晚上学习英语，你不应该只是随意地翻翻课本或刷刷题，而应该设定一个明确的目标，比如复习一个单元，或者练习一个技能。你也应该知道自己今天晚上学习英语的目的是巩固知识还是提高能力，或者是其他。这样你才能更有计划和效率地去学习英语，也更容易进入心流状态。

2. 难度适宜

任务不能过于简单，简单就会让人觉得无聊，也不能太难，太难就会使人望而生畏。应该以自己的能力可以完成这个任务，并且有一点小挑战为宜。这样才能激发你的兴趣和动力，让你感受到成就和增强自信。例如，你想学习英语，你不应该选择太简单或太难的课程，而应该选择适合你水平的课程，并且设定具体的学习目标，比如每天背诵多少单词，每周阅读多少篇文章，每月通过多少测试，等等。

3. 反馈及时

任务要有及时反馈，像打游戏那样，反馈越及时，就越容易维持心流的专注状态。反馈可以让你知道自己的进步和问题，让你及时调整自己的策略和方法，也可以给你带来正向的激励和奖励。例如，写一篇文章，你可以在写完每一段之后检查自己的语法和逻辑是否正确，是否符合文章的主题和结构，是否有更好的表达方式。你也可以在写完整篇文章之后向别人寻求意见和建议，或者用一些工具来检测文章的质量和水平。

📖 7.3.4　专注学习的超级番茄法

番茄钟是国际公认的高效工作方法，它的原理是将工作或学习时间分为 25 分钟的工作时间和 5 分钟的休息时间，每完成四个工作时间后，再休息 15 ～ 30 分钟。这样做的目的是让我们保持专注和动力，避免疲劳和拖延。

番茄钟是可以让人更加专注的方法，而心流是极度专注的状态。所以如果把心流和番茄钟结合起来，威力会倍增。

于是我在番茄工作法的基础上做了改良，我叫它"超级番茄法"。它可以让我们更快地进入专注状态，也是我多年工作和学习的习惯。"超级番茄法"以 45 分钟作为一个番茄钟，10 分钟作为休息时间。因为根据我的经验，25 分钟太短了，注意力好不容易聚焦了，结果一个番茄钟过去了。而且现在我国中小学一节课时长一般也是 45 分钟，所以 45 分钟的专注时间大部分人应该不难做到。接下来介绍超级番茄法的四个阶段。

1. 准备阶段

要想进入心流状态，提前的准备必不可少，主要包括以下几个方面，如图 7.3 所示。

环境准备	目标准备	情绪准备
安静环境 清理桌面 排除电子设备 计时工具 A4纸	目标单一 难度适当 书写下来 大脑预演	听歌曲 冥想 做拉伸 倾倒杂念

图 7.3　进入心流状态之前的准备阶段

（1）环境准备

● 尽量选择安全无干扰的环境，比如图书馆、自习室。

● 清理桌面，只留学习必需品和水。整洁的桌面能提高至少 30% 的学习效率。

● 排除手机、电脑等通信设备的干扰。一个小小的刺激就能造成专注力断崖式下降，所以开始学习之前，把可能会造成干扰的因素排除掉。

● 准备好计时工具。最好用单一功能的计时器，尽量不要用手机。

● 准备一张 A4 纸放在手边，有什么作用呢？接下来你就知道了。

（2）目标准备

进入心流状态的首要条件就是一个合适的目标。除了目标明确，还要注意：

● 目标单一。有一个手表定律，是说如果你有一只手表，你会清楚地知道现在是几点钟。但是如果你有两只不同的手表，就得不到一个准确的时间了。同样，如果你的目标既有质量目标又有速度目标，就会造成一个无序的状态。

- 难度适当。问一下自己，这个目标是否可以完成。如果太难，就把目标拆分成有信心可以完成的任务。
- 把目标写下来。
- 大脑预演。花几秒钟的时间，在大脑中做一下预演："我大概会怎么样完成这个目标"。

（3）情绪准备

大脑混乱、心情烦躁，静不下来怎么办？那就需要做一些收敛思绪的动作，比如：

- 用心听一首歌。
- 5分钟闭目养神或冥想。
- 拉伸身体。
- 在纸上"碎碎念"，把杂乱的念头写在纸上，大脑会清晰很多。

错误的做法有刷短视频、打游戏、刷剧、刷新闻、看小说等。这些行为都是分散注意力的行为，时间长了，专注力很难再次聚焦。

2. 启动阶段

在开始超级番茄钟之前，一个很重要的步骤是为自己设计一个小的启动仪式。这个仪式可以是一些简单的动作或者习惯，它能够帮助你迅速地调整心态，集中注意力，进入工作状态。就像很多运动员在比赛之前都有自己的小习惯一样，比如中国飞人苏炳添每次都要用小皮尺量一下起跑器的位置，如果忘了带皮尺，他就会感到不适应，影响比赛表现；葡萄牙球星 C 罗每次进场都要跳一下，展示自己的肌肉和气势；很多足球运动员上场前会摸一下草地，感受场地的温度和湿度。这些固定的小习惯主要是暗示自己"准备好了"，激发自己的斗志和信心，迅速进入心流状态。所以，你可以根据自己的喜好和习惯，设计一个专属的小仪式，在大脑中不断强化它和心流的联系，让它成为你瞬间进入状态的秘诀。

▶ 下面抛出几个小动作供选择。

（1）手指交叉，向上振臂三次；

（2）5 秒倒计时；

（3）背部挺直，微向前倾；

（4）摸一下左手小拇指；

（5）拍一下自己的左肩膀；

（6）深呼吸，然后吐气；

（7）用右手拇指和食指捏住左耳垂，轻轻拉一下；

（8）闭上眼睛，快速数到 10；

（9）用左手拍打右手掌心三次；

（10）微笑一下，然后说一句"加油"。

你可以根据自己的喜好和习惯选择或者组合觉得最适合自己的小动作，形成专属的启动仪式。但要注意动作最好不要超过三个，太复杂了反而不容易进入状态。另外，你的专属启动仪式要具体并且固定，这需要不断练习。

3. 过程阶段

你在执行番茄钟的时候，会发现自己的注意力难免会有起伏，思绪不知道飘到哪里去了。怎么防止中途走神呢？下面我介绍三种有效的方法。

（1）杂念管理。我们很难控制大脑中突然冒出的杂念，比如想起了某件事情，或者突然想要去做某件事情。这些杂念一旦出现，就会占据我们的心智，让我们分心。为了解决这个问题，我们可以使用一个简单的技巧：把闪现的念头记到我们在准备阶段拿出来的

A4 纸上。这样做的目的是告诉大脑："你担心的事情，我已经记下来了，放心吧。"这样我们就可以释放心智空间，继续专注于当前的任务。

（2）注意呼吸。呼吸对于我们的注意力有着重要影响。当我们处于心流状态时，也就是完全沉浸在工作或学习中时，我们的呼吸一定是平稳而深长的。这种状态下，我们的潜意识得以浮现，我们的效率和创造力会得到提高。但是当我们紧张或焦虑时，我们的呼吸就会变得短促或不平稳。这种状态下，我们的注意力就会分散，无法进入心流状态。因此，在执行番茄钟的时候，我们可以时不时地注意一下自己的呼吸，如果发现呼吸不正常，就可以用腹式呼吸和保持微笑的方式来缓解紧张感。

（3）注意力拉回。即使我们采用了上面两种方法，也难免会有一些外界干扰或内心冲突导致注意力分散。这时候，我们要及时地把注意力拉回来。有几种方法可以帮助我们做到这一点。一种方法是回顾一下任务目标，想想自己为什么要做这件事情，它对自己有什么意义和价值。另一种方法是轻声碎碎念，用语言来引导自己的思绪，比如说"我现在要做的是……"或者"我还有多少时间可以完成这个任务……"。如果是因为任务受阻而导致注意力分散，那就把遇到的问题明确地写下来，并拆解为更容易的任务，一条一条地处理。

通过以上三种方法，我们就可以有效地防止走神，提高效率。

4. 结束阶段

在结束阶段，我们要让大脑和身体得到适当的休息和恢复，为下一个番茄钟做好准备。心流状态下，身体虽然不被觉察，但不代表不会疲劳，如果我们不能及时休息，就可能导致精力下降，效率降低，出现身心疲劳的症状。因此，在结束阶段，我们可以采用以下几种方法来恢复精力。

（1）闭上眼睛，捂住耳朵，关闭你的感官，让大脑处于短暂的断网状态。

（2）原地跑步、爬楼梯、跳绳、短跑等有氧运动可以促进血液循环，增加氧气供应，消耗多余的肾上腺素。

（3）做做拉伸，放松肌肉，缓解紧张和僵硬。

（4）听放松音乐或冥想音频，渐进性地放松肌肉，调节呼吸，平静心情。

（5）哼唱一首喜欢的歌，激发积极的情绪，增加多巴胺的分泌。

（6）小憩 5 分钟，让大脑进入浅睡眠状态，恢复记忆和注意力。

以上是一些短期内可以让大脑和身体迅速得到休息的方法。但是从长期来看，身体是本钱，平时要多注重身体机能的锻炼，多做有氧运动，提高身体素质，保证精力充沛。只有拥有健康的身体和旺盛的精力，我们才能更好地学习和生活。

7.4 持续学习，塑造更好的自己

把学习比喻成爬山最贴切不过了。学习和爬山都有一个相对较为遥远的目标。在爬山过程中，最重要的是什么呢？是坚定不移地朝着山顶的方向出发，在过程中找到适合自己的节奏，踏实地走好每一步。只有这样，才能登上顶峰。学习也是如此。虽然掌握了高效学习的方法，也懂得如何让自己专注起来，但要想最终获得理想的结果，除了持续不断的行动，别无他法。在本节中，我们将讨论如何产生源源不断的动力，让你能够持续学习。

📖 7.4.1　赋予学习一个独一无二的意义

学习动力与学习意义感密不可分。让我们先来看一个初中生的困惑："老师说我成绩不好，每天感觉无所事事。我知道学习很重要也很有趣，但就是提不起劲儿。每天只想玩游戏，虽然心里也想学习，但就是懒得动。感觉学习只是为了应付考试，并没有什么意义。"这是一个很普遍的现象。据统计，有近四成的中小学生存在不同程度的学习动力不足的问题。现在的学生要面对非常多的选择和诱惑，为什么要辛辛苦苦努力学习呢？这个问题困扰着很多学生。

玛吉·沃勒尔是一位著名的心理学家和作家，她在她的著作《勇敢》中说过："只有当你知道自己的'为什么'时，你才会有勇气去冒险取得成功，在困难时保持动力，并将你的生活带入一个全新的、更具挑战性和更有价值的轨道上。"这句话非常精辟地揭示了学习动力的核心，即学习的意义感。当我们知道了为什么要学习，我们就有了前行的动力，有了去面对挑战和困难的勇气。如果我们没有明确的学习目的，那么很难找到前进的方向和动力，很容易陷入迷茫和失落的状态。

我看过一部电影——《绝命海拔》。电影中，一群登山者在开始攀登珠穆朗玛峰之前，分享了各自攀登的理由。有人为了自己的孩子，有人因为已经登顶了六个著名峰，只剩下珠穆朗玛峰了，想要一口气征服它。还有人想要在山顶上插上学校的旗帜，给孩子们树立一个榜样，告诉他们，哪怕是一个平凡的人，也能够登上世界最高的峰。还有更多的人举着酒杯说："因为山就在那里！"人是一种奇妙的生物，总是要寻找一些意义。当某件事情具有意义感时，我们就会充满动力，发挥出非凡的潜能。

有一本书叫《活出生命的意义》，它的作者是心理学家弗兰克尔，一位犹太人。在纳粹统治下，他的家人被囚禁在奥斯维辛集中营，只有他和妹妹得以幸存。在那三年的牢狱生活中，弗兰克尔下定决心：他不会沉默地死于劳累或疾病，而是会为生活寻找一份意义，并将这段经历作为一次心理学实践。最终，他不仅顶住了痛苦的折磨，还开创了"意义治疗法"，帮助人们从绝境中找到意义。弗兰克尔认为，即便是极端的苦难，我们也可以通过对苦难的反应而赋予其意义。换句话说，赋予一件事情意义，就能产生强大的力量，这种力量足以让人在集中营般的苦难中坚持下去。同样的道理，如果你能为学习赋予一份意义，也将拥有强大的动力，在你坚持不下去的时候，推动你向前。

📖 7.4.2　如何找到学习的意义

我上初中时有一个好朋友，虽然我们当时不在同一个班，但因为小学是一个学校的，所以经常在一起玩。他跟我的性格完全不一样，我喜欢静，他喜欢动。当时流行打台球，他经常旷课去打台球，学习方面自然是一塌糊涂。但是到了初三的时候，不知道怎么回事，他就像变了一个人，开始用功学习，台球也不玩了。他的成绩由一开始在班级垫底，慢慢成了班级中游，后来居然在班上排到前几名，并考上了我们当地的重点高中。有一次我们在一起聊天的时候，我问他是什么让他突然醒悟，他给我讲了一件事。

他的班主任有一次去家访，和他的父亲聊了一会儿，简单地说了几句鼓励的话，然后翻了翻他的课本，就离开了。晚上他拿出课本准备写作业的时候，看到课本的封面上写了一句话："某某某，我相信你能行。"他看到这句话的时候，整个人瞬间就像被什么东西击中，像有人从头上给他浇了一盆水，他瞬间清醒了。从那以后，他便开始全力以赴冲刺。

对于他来说，也许在那一瞬间，他的学习就突然有意义了，这个意义可能就是"要对得起一个老师的期许"。

如何主动找到学习的意义呢？如果你去网上搜索"努力学习的意义是什么"，可以得到很多答案。比如说，努力学习，考上好大学之后可以看到更大的世界；努力学习可以更高效地解决现实的问题；努力学习可以打破阶级固化，实现阶级的跃迁；努力学习可以找到好工作，过上更好的生活，等等。看似都很有道理，但这些答案有一个共同点，就是：这些都是别人给学习赋予的意义，跟你个人没什么太大的关系，所以看过就看过了，基本上无感。

我曾经调查过几个学霸，问他们为什么会努力学习，得到的答案让我感觉很新鲜。A 同学说，他学习就是想给一个同班的女同学讲题。B 同学说，学习好了，不管犯了什么错，都不会挨老师处分。C 同学说，他学习是为了让爸爸妈妈满意。还有一个同学说，她努力学习是为了追星成功。很有意思，意义感本身就应该是自己赋予的，本应该各不相同才对。自己赋予的意义感，才会让自己的学习更加有动力也更加有方向。

如果没有明确的意义怎么办？教你一个方法来挖掘一下，我称之为"五横五纵法"。

首先，画一个五行五列的表格，在第一行中随意写下你能想到的学习理由，比如提高成绩、证明自己、获得尊重等。这些可能只是表面的理由，需要我们深入挖掘。

接下来，在每一列的理由后面追问自己"为什么"。比如，为什么要提高成绩？为了进入更好的大学。为什么要进入更好的大学？为了获得更好的职业发展。为什么要获得更好的职业发展？为了实现人生价值。可以继续逐级深入，追问"为什么"直到最后一级，即你内心最深处的想法和动机。

当你到达最后一列时，你会发现一些共同点。把这些共同点汇总成一个简洁的句子或词语，这就是你内心真正渴望的东西。这个过程也有助于你了解自己的内心，梳理自己的价值观和人生目标。

最后，写下一个证明题："为什么学习可以达到这个目标？"通过这个问题，你可以建立起学习和你真正想要实现的目标之间的联系。尝试逻辑严密地解答这个问题，并将其抄下来，作为你的座右铭。这个座右铭可以成为你在学习中的动力来源，帮助你保持目标明确和坚持不懈的精神。随着时间的推移，你的动力会越来越强大，让你在学习中取得更大的成果。

📖 7.4.3　胜利者效应，让成功带来成功

提到"失败是成功之母"这句话，大家往往会想到爱迪生发明灯泡的故事。爱迪生是一位伟大的发明家，他拥有电灯、留声机、电影摄影机等 1000 多项发明专利。他为了制造一种安全方便的电灯进行了无数次实验，用了各种材料，如炭、白金、钡、钛、铟等，都没有成功。后来，他偶然发现用炭化棉线作为灯丝可以让灯泡亮起来，于是持续改进，用炭化竹丝作为灯丝，使灯泡的寿命延长到 1200 个小时，最终发明了世界上第一盏有实用价值的电灯，给人类带来了光明。但是，爱迪生并不认为自己是因为失败而成功，而是因为成功而成功。他曾经说过："我从来没有失败过。我只是发现了一万种不起作用的方法。"他认为，每一次尝试都是一次进步，每一次进步都是一次成功，每一次成功都会增强他的信心和动力，让他更接近最终的目标。

"失败是成功之母"不完全正确。虽然从失败中学习经验和教训可以提高我们的能力和技能，但真正让我们获得成功的是我们已经获得的胜利和成功本身。

心理学上有一个被称为"胜利者效应"的现象。

胜利者效应是指在一次比赛或竞争中获胜的人往往更容易在以后的比赛或竞争中获胜。获胜者会因为自己的成功而增强自信心和动力，更加努力地准备下一次比赛或竞争。同时，胜利者在获胜后还会得到更多的奖励和肯定，这也会进一步增强他们的信心和动力。

胜利者效应揭示了一个重要的事实：成功才是成功之母！虽然失败可以提供宝贵的经验和教训，但过度关注失败可能会导致我们失去自信和动力。相反，我们应该关注自己的成功和胜利，把它们视为成功之母，并在此基础上持续发挥胜利者效应，为我们未来的成功积累更多能量。

这个心理学现象已经得到科学实验的验证。2017年，浙江大学求是高等研究院胡海岚团队在《科学》杂志上发表了一项研究成果。实验中，让两只小老鼠在一只很细的玻璃管道中狭路相逢。一只小老鼠实力比较弱，是"鼠小弟"，另一只实力比较强，是"鼠大哥"。一开始，鼠小弟每次都会被鼠大哥推出玻璃管道。科学家给鼠小弟注射了一种物质，然后用激光照射它的脑部，激活了这种物质。这种物质并不是强化它的肌肉力量，只是改造了它的脑回路，让它信心大增。结果，鼠小弟就像开了外挂一样，一下子把鼠大哥逼出管道，成功逆袭。当鼠小弟成功打败鼠大哥六次后，科学家拿走了这种物质，发现鼠小弟仍然能够打败鼠大哥。胜利者效应在科学层面被首次证实。

有本书名为《胜利者效应》，书里面讲到，美国拳王泰森出狱后，他的经纪人为了让他尽快恢复信心，特地为他安排了两场对手实力比较弱的比赛。通过这两场比赛，泰森重新建立了自信，后来一举击败了当时实力强大的英国拳王布鲁诺，夺回了金腰带。

所以不管是在动物身上，还是在人身上，胜利者效应都是普遍存在的。学习也是同样的道理。要想获得最终考试的成功，离不开平时一次又一次的小成功。一个成熟的学习者应该像泰森的经纪人学习，能够为自己设计成功之路，通过不断获得成功的体验，让胜利者效应在自己身上发生。

📖 7.4.4　启动成功循环，助你勇攀高峰

因为胜利者效应的存在，成功会形成一个良性循环，一次成功会带来下一次成功，如此不断循环。那么，什么是成功呢？"成"意味着实现、达成，"功"则代表一个有价值、有意义的结果。只要你实现了一个有意义的目标，就是成功。一个完整的"成功单元"至少包含三个要素：首先是一个要达成的目标，其次是为了实现这个目标所投入的时间和精力，最后则是达成目标后获得的成就感。想要经常体验成功的喜悦，让成功循环不断发生，"成功单元"自然越多越好。并不是只有通过某次考试或某门课程的成绩提升才算成功。任何小小的进步都可以算作成功，比如收集了几道错题，理解了一个概念，从多个角度分析一个问题，等等。一个成功单元可以非常短，甚至可以像一个番茄钟一样只有45分钟。这样做的目的是让成功更容易发生，适应大脑的工作机制，从而实现我们的最终目标。

那么，如何设计一个最小的成功单元呢？

1. 设定合适的目标

一个好的目标应该有时间限制，可以实现，且明确具体。建议将单位时间设定为跟超级番茄一样长的45分钟。可以使用学习清单，如图7.4所示，这个学习清单就像一个小助手，帮你划分任务，安排时间，记录你的进步。表格里有六个部分：日期、内容、估计花费的时间、完成时间、实际花费的时间和进步点。每次开始

番茄钟之前，将目标写下来。目标应该是可以完成的，但也不要太容易，要有一定的难度。如果目标太容易达成，那么完成后的成就感就不会很强烈，这样很难激发持续前进的动力。如果目标过于困难无法实现，那么即便付出很大的努力也无法获得成功的体验，这样会让人感到沮丧，从而产生放弃的念头。

关于预估时间，刚开始，你可能对自己完成任务所需的时间不太确定，所以预估的时间可能会有点偏差。但别担心，只要你坚持使用这个表格记录和计划，慢慢地，你就能更好地了解自己的学习速度和习惯，对完成任务所需的时间也会把握得越来越准确。这样一来，你就可以更有效地安排学习任务，让学习更有条理，效率更高。

日期	内容（录入、加工、消化等）	预估花费的时间	完成时间	实际花费的时间	进步点

图 7.4　学习清单示意图

2. 专注地执行

目标设定好之后，就要付诸行动。利用我们之前提到的"超级番茄法"，全身心投入学习，尽量避免再受到干扰。让自己尽可能地进入高度专注的状态，更快、更好地完成学习任务。

3. 完成目标之后给自己奖赏

要学会珍惜每一个小成就，因为这些小小的进步最后会汇集成一个巨大的成功。所以，当你完成一个目标时，就在"完成"那一栏画个笑脸、打个勾或写上"YES"。然后，在"进步点"那一栏记录下你在这个过程中学到的东西和进步的地方。给自己及时的正面反馈是很重要的。

你还可以为自己设立一个奖励系统，把你想要的奖励都写下来，然后设定一些规则，比如累积 10 个笑脸就可以抽奖。这样一来，你会感觉每次的付出都有价值。

另外，奖励最好是精神层面的，因为物质奖励只能带来短暂的快乐，而精神上的奖励则不会带来这种压力，美好的回忆会让我们的身心愉悦很长时间。

《荀子·强国》里有这么一句："能积微者速成。"这句话告诉我们，只有从平凡的细微之处开始，坚持不懈地积累，才能更快地获得成功。学习之路上有很多小的成功单元，把它们汇集在一起，就成为我们成长和进步的动力来源。所以，我们要设定适当的目标，全身心投入，完成后给自己适当的奖励，不断积累小成功。每一个小成功也许不起眼，但只要坚持下去，它们就会变成重要的里程碑。让我们珍惜每一次挑战和努力，不断提高自己，享受成功带来的成就感，勇往直前，朝着更高的目标前进！

📖 7.4.5 学习路上的"快乐"来源

你是否曾经感到学习是一种痛苦，而不是一种快乐？你是否曾经羡慕那些学习起来如饥似渴、废寝忘食的人？你是否想知道他们是如何在学习中找到快乐的？今天我们就来聊一聊学习为何能带给人的快乐感觉。

首先，我们要明白，快乐并不是一个简单的概念，而是由大脑中不同的机制产生的不同情绪。其中最常见的两种快乐机制是多巴胺和内啡肽。

多巴胺是大脑里的一种化学物质，它可以让我们感觉到激动和高兴。当我们做一些能够马上满足自己的事情时，比如吃好吃的、看好看的、玩好玩的，大脑就会释放多巴胺，让我们感觉到快乐。

但是这种快乐是短暂和表面的，它很容易消失，也很容易让我们上瘾。因为多巴胺是一种强迫性机制，它会让我们不断地想要更多的刺激来满足自己。如果没有得到，我们就会感觉到痛苦和焦虑。多巴胺的机制就像一个大棒，不断地驱使我们，让我们去做一些理性上不想做的事情。比如你去打游戏或者刷短视频，只是让你觉得没有那么痛苦了而已。这种被动上瘾，会让我们失去自控力和判断力，也会伤害我们的身心健康。

而内啡肽是大脑里的一种天然药物，它可以让我们感觉到平静和满足。内啡肽就像是在你非常努力地去完成你的目标并且正在经历痛苦的时候，大脑给你的一个补偿。比如我们跑步的时候，有一个神奇的临界点。开始跑的时候，你会气喘吁吁，非常痛苦，但是过了临界点之后，你会越跑越轻松，觉得不累了，浑身有劲，跑完之后，有说不出的舒畅感。这就是大脑在给你分泌内啡肽作为奖励。这种奖励会让你觉得祥和、满足、有成就感。这种快乐是长期和深层的，它不容易消失，会让我们享受过程和结果。如果得到了它，我们就会感觉到自信和踏实。

在学习方面也是一样，有些人会享受到学习的快乐，甚至会对学习上瘾，这就是内啡肽的作用。例如，我的一个学生周末在家学习打番茄钟，一天之内打了 10 个 45 分钟的番茄钟，而平时她只能打 5 ～ 6 个。她告诉我，学习完之后感觉到无比踏实，这就是内啡肽的奇妙之处。内啡肽只会在你经历努力和痛苦时才会产生，换句话说，只有努力付出，才是通往幸福的唯一路径。

📖 7.4.6　消除学习中的焦虑和浮躁

你有没有遇到过这样的情况：想好好学习，但就是学不进去？这种现象的背后反映的是两种心理状态——焦虑和浮躁。

一个高中生说："我的成绩一直不太好，尤其是数学和英语，经常不及格。我很想提高自己的成绩，但是每次学习的时候，我总是会想到很多负面的事情。我会担心老师在课堂点名时点到我，然后嘲笑我不会做题；我会担心同学在背后议论我，说我给班级拖后腿；我还会害怕父母会因为我的成绩而失望，甚至不爱我；更可怕的是，我担心自己将来考不上大学，找不到好工作，无法过上好日子。

"这些负面的念头使我焦虑，也影响了我的学习效率和兴趣。我总是觉得自己做什么都没用，学习也没有意义。我经常分心，看书的时候想着玩游戏，做题的时候想着看电视。我不敢和老师同学交流，怕被嘲笑或拒绝。我觉得自己很孤独，没有人能理解我。"

这就是学习上出现了焦虑的心理状态。

还有一个学生，他上课时总是觉得自己听懂了，其实并没有真正理解老师的讲解；他看书时总是觉得自己看会了，其实并没有真正掌握书中的知识；他做题时总是拿来就做，甚至没看清题目的条件和要求；他做完题后就上交，从不检查自己的答案是否正确和完整；他发现题做错了，不认真改正，认为只是粗心而已。这就是一个典型的学习浮躁的学生。

那么，怎么消除学习中的焦虑和浮躁的状态呢？

让我们先来听一个真实的故事。有个人叫威尔·史密斯，他是一个著名的演员。在他小的时候，他的父亲把他家门前的一堵墙推倒了，然后让他和他的弟弟重新把墙砌起来。这对于当时 11 岁的威尔·史密斯和他 9 岁的弟弟来说，简直是不可能完成的任务。但是他们花了一年半的时间，把墙砌好了。他的父亲就告诉他们，不要再说有什么事情你们做不到了。后来威尔·史密斯回忆起这段童年往事时说，当你开始砌一堵墙的时候，不要想着要砌一堵墙，不要说"我要造一个史上最大、最宏伟的墙"，你要说"我要尽可能地把每一块砖垒到最好"。你每天都做这件事，很快你就会得到一面墙。

这个故事告诉我们什么呢？它告诉我们，很多时候我们在学习中感到焦虑和浮躁，是因为我们太在意一个不确定的结果，而忽略了一个确定的过程。焦虑和浮躁其实是大脑里两种不同的化学物质产生的情绪。

很多人学习的时候有焦虑感。那么，焦虑的本质是什么呢？焦虑的本质就是你特别在意一个明知道不确定的结果。结果是不确定的，但是你特别在意，于是焦虑就产生了。还有一个很类似的心理状态就是浮躁。浮躁的起源也是特别在意一个不确定的结果，但浮躁跟焦虑不一样的是：既想要那个结果，又不愿意投入。表现在学习上，就是既想要拿高分，又想走捷径，快速地把学习过程中的艰苦忽略过去。这就是浮躁。

缓解焦虑和浮躁有两个方法。

第一，不要老盯着那个结果。想打开一扇门，你要做的是努力去寻找能打开这扇门的钥匙，而不是一直盯着门上的那把锁。

第二，行动起来，把能做的事情做到极致。

立即行动，做好一件事，再去做好下一件事。问一下自己："有没有把问题找干净？""有没有把问题彻底地加工？""有没有把知识点都记录在消化本上？""有没有高频消化之后把知识变成自己的？"踏踏实实地做正确的事情，你期待的好结果自然会到来。

第 8 章

科目分析，让各科提分更精准

　　每个学科都有其独特的特点，虽然三步极简学习法适用于所有学科，但根据学科的特点，有针对性地使用三步极简学习法是更高效的提高分数的方式。比如，对于知识点分散的学科，重点使用深度消化中的高频回顾法就足够了；而对于结构化较强的学科，例如数学和物理，因为理解难度较大，所以需要在精细加工上下功夫，并且需要有效地刷题，以便在应用中进行深度消化。本章将讨论各学科的特点，以及如何针对不同学科特点在学习方法上进行调整。

8.1 数学怎么学

数学作为一门基础学科，对于很多学生来说是十分具有挑战性的。本节将从数学的难点入手，探讨如何从掌握基础知识、搞定题型、短时间冲刺以及基本功训练等方面系统地学好数学。

📖 8.1.1 数学到底难在哪儿

很多学生觉得数学很难、很可怕，甚至对数学学习产生了心理阴影。数学难的原因，一是它太抽象了，我们的大脑比较擅长记忆具象的东西，不擅长记忆抽象的东西。比如一棵树，我们只要看一眼，就能记住很多细节，但是一个数学公式就不那么好记了。

二是它费脑子，学好数学需要高强度的脑力输出。原因在于数学要求高度的抽象思维和逻辑推理能力。在学习数学时，需要大量记忆和理解抽象的符号、公式和概念，并能够将它们应用到具体问题上。做题时需要不断推理和演绎，运用多种数学工具和方法求解，而这些过程都需要高度集中的思维和注意力。此外，数学中的许多概念和定理都是相互关联的，需要对数学知识的体系结构有清晰的认识和掌握，才能更好地理解和应用。如果数学学好了，其他科目就没有什么"难以理解"的东西了。比如地理，很多学生感到头疼，但其实用钻研数学的能力和态度去钻研地理需要理解的内容，简直就是小儿科。

三是它对自主学习的要求比较高。一道数学题做错了，外人很难分析出错误的原因是题目理解的问题，还是公式用错了，还是解题思路的问题。即便可以分析出来，老师也不会一道题一道题地都给你指出哪里有欠缺，哪里需要夯实。所以学习数学，要有比较强的自主学习能力。

📖 8.1.2　学好数学的 3 个层次

数学是挺难学的，但是一旦掌握了方法，就找到了打开数学大门的钥匙。数学的学习可以分为三个层次：第一，基础知识的熟练掌握；第二，各种题型解法的熟练掌握；第三，数学思维的养成。

与其他学科不同，数学不会让你记忆很多"知识点"。要学好数学，掌握知识点的贡献可能只占 10%～20%，而各种题型的解法可能只占 40%～50%，剩下的就是数学思维的训练了。但是，如果基础知识掌握不熟练，那么思维的训练就是无源之水。因此，学好数学首先需要注重基础知识的掌握，就像背单词一样，要将知识点背得滚瓜烂熟。

另外，思维的训练也是非常重要的。其中，一个重要的训练方式是我们前面提到的"灵魂五问"。逐层递进、逐层深入地回答 5 个问题——这个题目考察的知识点是什么？这个知识点在哪里？这个知识点到底是什么意思，怎么来的？这个知识点还能解决什么问题？这个题目还可以用其他的什么知识点来解决？可以训练发散思维、优化解题思路，反过来又可以加深对知识的理解。

📖 8.1.3　学好数学的 3 个步骤

学好数学需要 3 个步骤，与上文提到的 3 个层次相对应。首先，需要夯实基础知识；其次，需要逐个搞定各种题型；最后，需要锻炼解题能力。学习数学的核心是培养解决问题的能力，为此需要形成数学思维，大量应用并反复巩固。

实际上，许多学生把这 3 个步骤混在一起了。在没有夯实基础知识的情况下就去解题，解题过程中发现不理解某个公式或者概念，或者没有形成解题的思维模式，结果发现一步一个坎，到处都是坑，痛苦不堪。如果循序渐进、踏踏实实地积累，这些问题就不会那么可怕了。接下来，我们将详细阐述这 3 个步骤。

📖 8.1.4　如何夯实基础知识

基础薄弱的同学不需要大量刷题，也不要挑战高难度的题目，应该把重心放在课本上，夯实基础知识。夯实基础知识分三步。

第一步是重复记忆。 如果将解数学题比作盖大楼，那么数学中的公式、定义、定理等基础知识就相当于地基，非常重要。在解题过程中，如果不知道什么是有理数、无理数，不知道一元二次方程的求根公式，不知道圆柱体的计算公式等，肯定会影响解题的质量和速度。即使一开始没有理解，也要死记硬背。可以把不熟悉的知识记在消化本上，利用高频回顾的方法进行巩固记忆。也可以买一张包含所有公式的挂图，贴在墙上，平时经常回忆、默写，加深印象。

第二步是反复推导，加深理解。 记住只是第一步，因为数学知识具有高度的浓缩性，一个公式就能变化出无数道题。因此，要不计时间代价去清除所有基础知识中的疑惑点，能推导的全部推导一遍，内化为自己的知识体系。那些不懂的地方要仔细推敲、反复研究，加深理解的同时巩固记忆。

第三步是回归目录，结构化练习。 因为数学是逻辑性很强的学科，数学的基础知识也是非常结构化的。通过练习，你的基础知识框架将逐渐清晰，你就可以更好地在解题过程中运用基础的知识点。练习的方法也很简单：每做一道新题，分析一下这个题目考察的知识点是什么、在课本上的哪一章哪一节。如果印象模糊，就去翻看课本上的目录。慢慢地，在大脑中就会形成一个比较清晰的知识脉络，再装新的东西就更轻松。

📖 8.1.5　逐个搞定题型，提升解题能力

在夯实基础知识的基础上，我们需要进一步提升解题能力。因为数学的题型是有限的，解题的方法也是有限的，所以我们可以按照题型集中火力搞歼灭战，逐个攻破，从而提高解题能力。

例如，你想要提升三角函数解题能力，你可以花费三天时间集中攻克这方面的题目。找到相同的题型和不同的题目，集中训练，不断尝试，直到掌握这种题型的解题方法和技巧。当你攻克了这个题型，就会产生一种"迷之自信"，这时你就可以攻克下一个题型了。

你可以反复练习和总结，不断加深对每个题型的理解和掌握。当你集中攻克了多种题型后，你的数学水平就会有大幅度的提升。

📖 8.1.6　多轮刷卷法，短时间全面冲刺

距离考试的时间比较近时，或者有大块时间时，比如暑假、寒假，想要集中提高数学成绩，可以采用多轮刷卷，刷到满分的方法，快速提升数学成绩。多轮刷卷的具体方法前面已经讲到了。大块时间集中进行刷卷练习，一般情况下一天至少可以刷两套试卷。上午一套，下午刷一套，刷到满分后整理错题，并在碎片时间复习

巩固。这样十天时间就可以刷 20 套试卷，这是短时间内大幅提升数学成绩的最好办法。

📖 8.1.7 数学基本功怎么练

基本功放在最后讲，是因为基本功的训练要贯穿整个学习过程，是数学学习的基石。基本功不是一朝一夕速成的，需要大量的刻意练习。数学的基本功包括计算能力和数学思维。计算能力是"算得对"和"算得快"的能力，而数学思维则是运用数学知识解决问题的能力。

1. 计算能力

"算得对"是学好数学的一个基本要求。计算能力的训练，从小学阶段就要重视起来，从小夯实计算基本功，对以后的数学学习大有裨益。

首先，衡量计算能力的关键是"准确率"和"速度"，这两点都离不开规范的计算流程。计算的时候，不要跳步骤，更不要乱涂乱画，要清楚地写出来。比如乘法计算的流程，先乘哪一位，再乘哪一位，什么时候进位，严格按照规范步骤去做题。先有规范才有准确率，有了准确率才能谈提高计算速度的问题。

其次就是大量的练习。计算能力要求在有限的时间内把题目做正确，所以练习的时候要不断追求更快的速度。通过限定题目数量的方式，比如 20 道题，挑战用更短的时间完成，并保证准确率。每天坚持练习，直到计算速度和准确率都提升上来。

2. 数学思维

另外一项非常重要的基本功，就是数学思维了。可以说数学思维是学好数学的核心，也是得高分的关键。如果说夯实基础知识的目标是"会"，集中攻破题型的目标是"熟"，那么提升数学思维的目标就是"活"了。数学思维训练的一个重要方式就是"一题多解"。不要小瞧这个方法。一题多解的过程就是训练发散性思维的过程；拥有一题多解的能力，就代表你已经深入本质了。经常进行一题多解的训练，既可以实现一通百通的效果，也可以不断优化解题思路，提升做题速度，反过来可以帮助你更深刻地理解基础知识。

8.2 英语怎么学

在学习英语的过程中，很多人会遇到各种各样的问题，比如词汇积累不够、听力理解难度大、阅读速度慢等。本节将为大家介绍英语各个板块学习的方法与策略，包括高效记单词、提高听力能力、阅读技巧和写作训练等，帮助大家提升英语水平。

📖 8.2.1 英语难在哪儿

我们从小就学英语，不同省市的要求不同，有的地方从三年级开始，有的地方从一年级开始，总共要学十多年。但是即便在大学毕业之后，能真正用英语流利沟通交流的人也并不多。这说明，在英语学习中肯定有大量的无效练习。那么，怎么才能有效积累呢？下面从单词、听力、阅读、写作这几个方面来聊一下。

📖 8.2.2 如何有效搞定单词

很多人一提到背单词就感到头疼，认为背单词费时费力，而且非常枯燥。但是，背单词确实是学好英语的至关重要的第一步。无论是阅读、听力还是写作，单词量都是限制因素。举个简单的例子，如果将阅读理解中的单词都换成中文，你还能丢很多分吗？那些主张不背单词的人，实际上是看到学生们实在背不下去，认为他们纯粹是浪费时间。然而，要想快速提高英语水平，单词是必须要背的。

▶ 关于背单词也有一些不科学的现象，我们来看看。

第一，盲目追求单词量。网上有许多教人5天背1万个单词的方法很受欢迎，有很多拥趸，好像背单词纯粹是为了拼单词量。有些同学会拿起一本厚厚的词典，从头开始背诵。然而，单词是有高频和低频之分的。能够熟练使用1000个高频单词，就可以和外国人顺畅地交流了。如果只追求单词量，那么会导致这1000个高频单词和9000个不常用的单词都被分配同样的记忆时间，结果就是那些需要灵活运用的单词没有被熟练掌握，下次再遇到时仍然感觉很陌生，而另外9000个低频单词，因为不常使用，到最后可能也记不住了。

另外，如果以单词量为唯一目标，会给自己带来巨大的压力。"为什么别人可以5天背1万个单词，我一天只能背20个，这差距也太大了！"这会打击你的积极性。

因此，单词的数量并不是唯一标准，科学积累单词，建立在理解单词的基础上，让记住的单词能够为我们所用，这才是背单词的目标。

第二，很多人为了背单词而背单词，结果只会认单词，不会读或不会写；或者只知道一些常见单词，但是没有熟练掌握。这些都是背单词不扎实的表现，会对英语学习造成阻碍。

第三，不持续。三天打鱼，两天晒网，今天心血来潮，觉得该背单词了，就背上几百个单词，然后连着好多天一个都不背，没有持续性。这种无规律的练习方式是非常低效的，会导致"背了忘，忘了背"的恶性循环。有些单词印象模糊，记得好像是背过，但就是想不起来；还有些单词明明背过，但是却完全没有印象。持续性的、科学的背单词方法才能真正提高英语学习效率。

▶ 下面是有效背单词的几个原则，可供参考。

（1）选择方面。高频单词优先于低频单词，考纲单词优先于超纲单词。拿高中阶段的单词要求来说，考纲单词 3500 个，如果你能记住 3500 个单词，就背考纲单词。如果你只能记住 1000 个单词，那就只背 1000 个高频词，原因就是性价比更高！

（2）定时定量，高频回顾。定量就是说，如果你一天计划背 20 个单词，那就背 20 个，不多也不少。因为单词的理解难度不大，所以用深度消化中的高频回顾的方式来处理就好了。把这 20 个单词抄到消化本上，平时三天 18 遍地复习，再加上周复习和月复习，这样下来一个单词重复的次数可以达到 20 多遍，就形成了长期记忆。定时定量才能养成习惯，有效积累的单词才会越来越多。

（3）重视发音。发音在学习英语单词时至关重要。一方面，正确的发音可以帮助你更准确地理解和记忆单词的意思和用法，从而更加自然地运用英语。另一方面，错误的发音可能会导致交流障碍，影响口语表达能力。单词由音、形、义三部分构成，对于母语为中文的人来说，我们对中文意思非常敏感，因此记住中文意思并不困难。而英语是一种纯表音文字，即每个字母都有相应的音标和发音规则，正确的发音也可以帮助我们更容易地拼写单词。因此，发音是学习英语单词至关重要的一环，需要高度重视。

（4）在语境中背单词。一个单词在不同语境里面有不同含义。比如：abandon 就有十几个释义，作为动词有放弃、离弃、抛弃、遗弃、舍弃、丢弃、离开、停止、中止、陷入、沉湎于等意思，作为名词有放任、放纵的意思。把 abandon 放在语境中背，就更容易理解其含义，也更容易加深记忆。

📖 8.2.3 如何有效练习听力

关于听力的练习，绝对不是听得多自然就能懂，就像听了 10 年鸟语也不一定能理解鸟在说什么。因此，听力的练习需要在听懂的基础上进行积累。具体操作方法如下所述。

（1）准备一段 5 分钟以内的听力材料，试卷、真题上的听力材料都可以。

准备听力材料的过程中，可以根据自己的英语水平选择适合自己的材料。如果水平一般，可以选择一些简单的听力材料，比如日常对话或者简单的新闻报道。如果水平还可以，就选择难度稍高的听力材料。

（2）把你听懂的片段或单词写下来。

在听的过程中，要注意把听懂的那部分内容在本子上记录下来。听不懂的部分可以空着，能写多少就写多少。

（3）读一遍听力材料的文字部分，不懂的单词查词典。

在听完之后，阅读听力材料的文字部分，找出不懂的单词并查词典解决。在解决生词的过程中，理解这些单词在材料中的意义和使用方式，加深一下印象。

（4）不断重复第二步和第三步。直到完全可以听写出来为止。

接下来需要不断重复第二步和第三步，直到完全可以听写出来为止。这个过程需要耐心，需要持续训练，坚持下来就会取得显著的效果。

（5）类比于烧开水的原理，先听熟一小段，再继续听下一段。

在进行听力训练的时候，采用"烧开水"的原理，即先听熟一小段，再去听下一段。可以逐步提高听力材料的难度，或者切换不同类型的听力材料进行练习。

随着不断练习和积累，你对英语语音和语调的敏感度可以逐渐增强，同时对生词和词组的理解和记忆也会逐步加深。你会发现自己很快就能够更加顺畅地听懂英语对话或文章。另外，这种反复听写的方法还可以训练听力记忆力，让你更加容易记住听到的内容，从而提高听力成绩。

8.2.4　如何有效练习阅读

说实话，大部分学生的阅读量是不达标的。我们英语的阅读量是语文阅读量的五分之一不到。我们高考英语的阅读理解能力水平，跟美国小学五六年级的水平相当。靠大量的阅读提升阅读能力难度较大，也会存在大量的无效练习。那么，英语的阅读能力怎么有效提高呢？

▶ 下面这个四步阅读法是能够有效提升英语阅读能力的方法。

第一步：自主阅读一篇文章

首先，选择一篇适合自己阅读水平、难度适中的英文文章，可以是新闻报道、科技杂志文章、小说等。在阅读时，尽可能不要查阅词典或翻译软件，把自己置身于一个英文环境中，让自己逐渐习惯英文的阅读习惯。

第二步：翻译成汉语

在阅读完整篇文章后，将其翻译成汉语。如果在阅读过程中遇到不认识的单词，可以使用翻译软件或词典来帮助理解。

第三步：对照原文翻译，圈出不同点

在完成翻译之后，对照原文和翻译，圈出跟译文不同的地方。包括单词和句子结构。

第四步：思考不同点

查看英文原文，找出导致翻译错误的原因，比如单词含义混

淆，语法知识理解不够。将这些不理解的单词或句子记录在笔记本上，定时消化和复习。

四步阅读法的核心在于，通过对比原文和翻译的不同点，迅速找出自己阅读中存在的问题，从而有针对性地进行学习。在发现不理解的句子或者单词的时候，把它们记录在消化本上并进行定时消化，就是有效积累的重要方式，这样不仅可以加深对英语单词和语法的理解，同时还可以提高阅读速度和理解能力。

📖 8.2.5　如何有效练习写作

英语写作能力的提高需要有效的积累。直接上手写可能会遇到困难，写不出好的句子，也无法有效地积累经验。那么，怎样才能有效地提高英语写作能力呢？

第一步：我们需要找到优秀的满分作文，并仔细阅读。 优秀作文可以成为我们的学习对象，我们可以感受到不同文体、结构和作者的语言风格和技巧，从而更好地理解文章。

第二步：看着这篇作文的中文翻译，尝试写出原句。 这个过程可以让我们尽量还原优秀作文，为下一步做准备。

第三步：比较自己写的句子和原文，分析其中的差异。 通过分析差异，我们可以找到被忽视的优秀写法，领略优秀作文的精髓，同时也可以找到自己写作中存在的问题，并不断改进和提高自己的写作能力。

比如，如果我们要表达"我喜欢夏天的天气"，自己写的句子是"I like the weather in summer"，这个句子虽然没有问题，但是却很普通，没有凸显出写作水平。如果我们去分析一下优秀作文中对于"喜欢"的表达，就可以发现一些更地道的表达方式。比如，原文中的句子可能是"Summer weather always brings me joy"，

这个句子用了 "brings me joy" 这个短语，更加生动形象地表达了"喜欢"的意思。通过比较自己的句子和优秀作文中的句子，我们就可以知道如何更好地表达自己的意思，使自己的写作水平得到提高。

第四步：将与原文差异较大的句子记录下来，并积累到消化本上，定期回顾消化。这个过程可以帮助我们吸收并内化优秀作文的精华，并运用到自己的作文中。

经过这样的练习，你的作文的用词、造句会离满分作文越来越近，英语写作能力也会逐步提升。

8.3　语文怎么学

相比于数学和英语，语文涉及的面更广，这是语文的特点。因此，有效的积累对于语文的学习非常重要。下面介绍语文的基础知识、阅读、写作这三大板块的高效积累方法。

📖 8.3.1　语文的特点

有一位家长询问："孩子初中了，语文一直七八十分，考得不太好，也没兴趣，应该怎样帮助孩子？"为什么有些学生对语文不感兴趣呢？这与学生的特质有关。一般来说，心思细腻、感情丰富、同理心强、形象思维强的孩子天生更喜欢学习语文。而逻辑思维和抽象思维比较强的孩子通常对数理化更感兴趣。

语文考察的是我们的文字运用能力，是非常吃工夫的，往往付出十分的努力只有一分的收获。通常需要长时间积累，由量变到质变，才能培养良好的语文素养。多阅读可以提高我们的鉴赏能力，多观察可以充实我们的真情实感，多写作可以锻炼我们的文字运用能力。但如果想更有针对性地提高成绩，就需要让平时的积累更加有效，否则就会事倍功半。下面从基础知识、阅读能力、写作能力这三个方面谈谈如何进行有效的语文积累。

8.3.2　基础知识的积累

首先是基础知识。这部分内容包括基础字词的音形、常见成语、文学常识、必背古诗文、文言文的实词虚词、名家作品等。尤其是在小学阶段，基础知识的考察占比会比较大。基础知识比较零散，掌握起来并不需要太高的文学天赋。要提高这部分的成绩，关键在于平时积累。寻找基础知识的问题还是比较容易的，不认识就是不认识，不懂就是不懂。平时利用消化本不断积累，并进行高频回顾，就能够在基础知识这一部分取得好成绩。

8.3.3　阅读的有效积累

阅读类的问题怎么找呢？如果只是把出错的题抄在消化本上进行消化，没有太大的意义。一定要去分析，把文字背后的东西挖掘出来。

现代文阅读要严格分析错题，分析这些题考的是什么，是从什么角度考的。如果是选择题出错，就要分析为什么我选的这个是错的，为什么正确答案更合理。如果是问答题丢分，就和标准答案逐字比对，反思不同点，试着用标准答案的语言重新答题，并且总结答题规律。如有必要，按照题型做大量的针对性训练。

文言文阅读，要在古文基础知识积累的基础上，重视对文章的揣摩和翻译。文言文虽然都是用汉字写的，但语言习惯跟现在的语言有很大不同。平时练习，尝试把文言文翻译成白话文，过段时间再把白话文翻译成古文，相当于提取记忆，加深印象。

📖 8.3.4　写作的有效积累

作文考察的是文字运用的综合能力，要注意以下各方面的积累，如图 8.1 所示。

图 8.1　写作的积累

（1）词汇

词汇的积累对于表达能力至关重要。在平时的学习中，应该注重积累生动传神的词汇。比如一些优美的形容词，像形容秋天的"丹桂飘香"；一些传神的动词，比如"狂风紧紧抱起一层层巨浪，恶狠狠地把它们甩到悬崖上"，这里的"紧紧抱起"和"甩"，再加上"恶狠狠"，就非常生动和传神；还有一些表达情绪情感的词汇，比如万箭穿心、痛不欲生、如释重负、心旷神怡等。这些词汇如果使用得当，可以让文章更富有感染力，更能够打动读者。另外，还要注意词汇的搭配和运用，避免使用错误或不恰当的词语。

（2）好句

名言名句可以为你的文章锦上添花，但是你可能背了很多名言名句，用的时候却常常想不起来。光背句子是不够的，你需要学会给名句打上标签。比如，"天下大事，必作于细"，意味着要从细小的事情开始做起，注重细节才能成就大事，你可以为它打上"细节"的标签。再比如"博观而约取，厚积而薄发"，强调从细节处积累，对于求学有很大帮助，同样可以打上"细节"的标签。还有冰心的名言"创造新陆地的，不是那滚滚的波浪，却是它底下细小的泥沙"，也强调细节对成就的决定性作用。这样，你就可以在"细节"这个标签下找到三个素材。如果考试作文的主题正好是"细节"，你就有了很多可写的句子。否则，这些句子就会散落无用，考试时也很难记得起来。有一个学生给几百个名句打标签之后，作文的分数就再没有低于 50 分。

另外，对于摘抄的名言名句，进行"二次创作"也是一个不错的方法。具体而言，二次创作的方法有三种。第一种是替换词汇，即将原句中的某些词汇更换成更加精准、优美的词汇，或者自己更擅长的词汇。第二种方法是仿写，根据原句仿写句子，用在不同的对象上。比如将原本描写自然风景的句子改为描写人文景观的句子。第三种方法是嵌套，即在好句子的前后加上自己的话作为补充，让整个句子表达一个完整的意思。通过二次创作，可以将别人的话语转化为自己的，使用时也更加自如。

举个例子来说，假设原句是"夜空中最亮的星，能否听清，那仰望的人，心底的孤独和叹息"。如果我们想要将其进行二次创作，可以使用第一种方法，替换其中的一些词汇，比如改为"夜空中最美的月亮，能否看见，那仰望的人，心中的渴望和祈盼"。或者使用第二种方法，仿写出一个新的句子，比如"城市中最美的花，能否感受，那走过的人，内心的欢喜和感动"。最后，我们可以通过第三种方法，将这些句子进行嵌套，比如"在广阔的宇宙中，那颗最亮的星，是否能够听清，仰望它的人心底的孤独和叹息。在我们的人生中，总有那么一颗星，照耀着我们前行的路途，但也有那些寂寞和沉重的时刻，需要我们自己跨越过去"。这样，我们就成功地进行了二次创作，将原句改编成了我们自己的句子。

（3）素材

根据素材的性质进行分类。如素材可分为用来讲道理的素材和用来摆事实的素材。讲道理的素材包括名家名言、诗句和理论等；摆事实的素材包括新闻时事、名人事迹等。建议使用思维导图的方式来整理素材，标注每个素材适用于什么话题以及说明什么事情。这样可以形成脉络，尽量将其结构化，避免过于零散。这样做的好处是，当需要使用素材时，可以快速地想起它们。举个例子，我们可以将某位著名运动员的一些励志事迹作为素材，然后标注适用于成功、拼搏等话题。这样，当我们需要讲述这些话题时，就可以快速地想到这些素材，提高表达的准确性和流畅度。

除了现成的素材，生活中的细致的观察和亲身经历，也可以作为我们写作的素材，让我们写作文更具灵性和独创性。

比如，在早晨的阳光下，你可以观察到花草在微风中轻轻摇曳的景象，可以观察到光影、微风、花草的细节，这些可以让你的写作更加生动。

再比如，在你和家人的一些经历中，有些什么细节让你印象深刻，比如一次旅行中你们一起看日出、一次购物中你们讨论价格、一次聚餐中你们分享美食，等等，这些经历可以让你的写作更加有感情色彩。

有一次我去旅行，在一个小镇上看到一位老人在街头卖艺。他穿着一件破旧的黑色大衣，头发花白，脸上布满皱纹。他手里拿着一个简单的乐器，像是一个木制的吉他，上面只有三根弦。他边弹边唱，声音沙哑而有力，吸引了很多人驻足观看。我被他的音乐和表演所感染，走近了他。他唱的是一首民谣，歌词大意是不管生活多么艰难，都要坚持自己的梦想和信念。我觉得这首歌很打动人，便买了一份他的音乐盒，并和他聊了一会儿。他告诉我，他曾经是一名音乐家，在各地巡演过，后来因为一场车祸失去了左手的四根手指，无法再弹奏复杂的乐器。但是他没有放弃音乐，而是自己制作了这个简易的乐器，继续在街头表演。

我就可以把这次经历转化为有价值的写作素材，从老人不放弃梦想的角度、个人成长经历的角度、音乐的文化的角度，写出不同的文章来。所以不断地积累和整理生活中的素材和观察，可以拓展我们的思路和视野，提高写作的表达力和艺术性。

（4）标题

标题是给阅卷老师留下第一印象的重要元素，一个好的标题可以起到画龙点睛的作用。因此，在写作时我们应该重视标题的设计，并积累一些优秀的标题范例。

一个好的作文题目应该具备以下几个特点：

● 紧扣文章的主题和立意，突出中心思想，避免偏题或跑题。

● 新颖有趣，吸引读者的注意力，激发读者的兴趣和思考。

● 简洁明了，避免冗长或模糊，表达清晰准确。

适当运用修辞手法，如比喻、拟人、排比、对偶、反问、夸张、双关、通感、移情等，增加语言的魅力和表现力。

要想拟出好的作文标题，我们可以多阅读优秀的作文或文章，并观察分析它们的标题是如何设计的，有什么特点和技巧，并学习借鉴它们的写作方法。

比如：

● 那个夏天，我遇见了自己（运用时间和人物设置悬念）。

● 远离喧嚣，拥抱自然（运用对比和拟人表达主旨）。

● 生命中最美好的瞬间（运用形容词和名词的组合引起读者的情感共鸣）。

- 重返童年，重拾纯真（运用对偶表达主题和态度）。

- 人生如梦，梦中有你（运用比喻和对偶表达思想和情感）。

（5）结构

结构是不同文体作文的基础和骨架，掌握不同文体的结构，可以让你在考试时更加游刃有余。比如下面这些常见文体的基本结构。

议论文：引言（提出主题和观点）—论点（阐述自己的理由或立场）—论据（提供事实、数据、例证等支持论点）—论证（分析论据与论点之间的关系和逻辑）—结论（总结全文并重申观点）。

记叙文：背景（介绍时间、地点、人物等情境信息）—事件（叙述发生的事情或经历）—冲突（展示事件中的矛盾或困难）—高潮（描述事件中最紧张或最感人的部分）—结尾（表达自己的感受或启示）。

说明文：问题（提出需要说明的问题或现象）—原因（分析问题产生的原因或背景）—影响（说明问题对人或社会的影响或危害）—解决方案（提出解决问题的方法或建议）—总结（概括全文并强调重点）。

在写作时，要根据不同文体的特点和要求，按照相应的结构来安排作文，这样可以使作文条理清晰、内容充实，更加有说服力和感染力。

（6）开篇

文章的开篇是吸引读者继续阅读下去的关键所在，一个好的开篇能够激发读者的兴趣和思考，让他们对文章主题产生好奇心和期待感。因此，平时需要注意积累一些万能的开篇写法，在写作时应该根据不同类型和风格的文章来选择合适和有效的开篇方式。例如，我们可以用以下几种方法引入文章主题：

- 引用名人名言："爱因斯坦曾说过，'知识就是力量'。这

句话在当今社会依然具有深刻意义。"（这种开篇方式可以借助名人或权威人士的话语来增加文章的说服力和影响力）

● 引入一个故事："在我小时候，我曾经有过一个令人难忘的经历。那是一个寒冷而晴朗的冬日……"（这种开篇方式可以通过讲述一个真实或虚构的故事来吸引读者的情感和好奇心）

● 用问题引入："你曾经想过，如果你只有一天的时间，你会做些什么？这个问题可能听起来有些奇怪，但是它却可以让我们思考生命中最重要的事情。"（这种开篇方式可以通过提出一个有趣或有挑战性的问题来激发读者的思考和参与感）

● 引入一个有趣的事实："人类大脑的质量只有身体质量的2%，但是却掌控着我们所有的感知和行动。这个事实可能让你感到惊讶，但是它却揭示了我们大脑的神奇和复杂。"（这种开篇方式可以通过提供一个新颖或惊奇的事实来引起读者的兴趣和好奇心）

（7）思想、心得和灵感

思想、心得和灵感是作文中不可或缺的元素，它们反映了你自己独有的体验和感悟，也是让你与众不同的亮点，可以为你的作文锦上添花。因此，在日常生活中，我们应该养成及时在笔记本上记录自己灵感和思想的习惯，以便日后使用。

记录灵感和思想时，我们可以根据自己的兴趣爱好来选择不同的主题和角度，比如旅游、读书、电影等。这样既可以拓展自己的思想视野，也能让作文更加生动有趣。例如，我们可以记录旅游中看到的风景、听到的故事、遇到的人物等，并写下自己对此的感受和体会，比如"旅行不只是走马观花地看风景，更是沿途探索自我的过程"。又比如，我们读了一本书后，可以记录自己对书中人物、情节、主题等方面的感受、心得和思考，并与自身经历或现实问题相联系，这些都可以成为我们写作文时的优秀素材。

不管记录什么内容，只要能够启发我们的创作灵感，都是有价值的。这些记录不仅能够帮助我们提高写作水平，也能够帮助我们更好地认识自己。

（8）书写

写作时，字迹的美观和清晰也是非常重要的。如果不确定自己的字体风格，那就先把楷书练好，考试的时候肯定会有加分效果。因为楷书规范、端庄、易读，也更适合标准化考试的规范。

8.4 物理怎么学

想学好物理，就需要了解物理的特点和难点。学好物理需要熟练的基础知识、严谨的逻辑思维以及一定的数学基础。本节将介绍如何学习物理，包括掌握物理的基础知识，如何刷题加深理解等。

📖 8.4.1 物理的特点

有很多人觉得物理非常难，甚至一提到物理就感觉头疼。如果没有把学习物理的兴趣培养起来，没有掌握好学习方法，要把物理学好是十分困难的。

从传统的理解看，物理就是纯理科，但其实物理属于半文半理的学科，特别是初中的物理可以说是七分文三分理，基础知识占了大部分。不少同学考试失利后，会抱怨某大题又没有做对，某解题要素又没考虑到，实际上如果大题非常难，要丢分大家一样丢，拉开差距的往往是那些选择题、填空题等考查课本基础知识的题目。

除了需要掌握基础知识，物理对理解能力的要求非常高。如果说数学成绩是靠练习来提高的，那么物理成绩就是靠思考来提高的，或者说物理更要求对于知识点的感悟，因为它更注重分析。高中物理学科和初中相比内容更多，难度更大，对学生的能力要求更高，也更加要求灵活变通。初中物理五大块声光热电力，其中力学与电磁学占了很大比重，各大块之间没有特别紧密的联结，基本是彼此独立的。高中主要是力、电、磁三个板块，知识的连续性相当强，综合性强，计算量比较大，难度也大大提升。

刷题也不是越多越好，准备一本或两本好的资料就够了。许多学生以为只要把题目刷完就万事大吉，其实不然。下面我们从基本常识和刷题两方面来聊一下怎样学好物理。

📖 8.4.2　基础知识的积累

物理的基础知识包括概念、定理、定义、公式、实验步骤等。基础知识的掌握可以分为三个层次。

第一层次：记下来

做题的时候，如果对这个公式模糊，对那个定理陌生，肯定做不好题。基础知识就是思考的材料，所以第一步就是把这些基础知识记下来，背出来，写出来。这部分就跟文科的学习一样，研读课本，用消化本进行碎片化积累、高频回顾。另外在做题的时候，如果发现记忆模糊的知识点，要及时记录，认真复习。

第二层次：反复推导

记下来只是基础，靠背下来的概念或公式去答题肯定是死路一条。物理的公式有很多衍生和变形，要有反复推导的意识，熟悉公式是怎么来的，变式有哪些等，这样才能深刻理解，做题的时候才会更加灵活，游刃有余。

第三层次：形成框架

知识框架的建立对任何学科都是有很大帮助的，物理也不例外。学习过程中要有框架思维，对于用到的知识点，应回顾一下教材，看看出自哪里，慢慢地在大脑中形成一个清晰的知识框架。做综合试卷的时候，可以试着把每道题涉及的知识讲出来，把相关的知识做个串联，相当于把整个框架复习了一遍，加深印象。

📖 8.4.3　刷题加深理解

物理成绩跟刷题数量不成正比，并不是刷题越多越好，而要追求刷题的质量。

▶ 刷题要重视三点

1. 按题型刷题

我们可以根据不同的物理知识点和考点，选择相应的题型进行专项练习，这样可以巩固和深化对物理概念和原理的理解。对于难度较大或涉及多个知识点的综合性大题，我们可以采用粉末化拆解法，即把大题分解成若干小题来解决，这样可以降低答题难度和压力。

2. 重视答题过程中的逻辑训练

物理题目要求我们有严密的逻辑思维，因此在解题过程中要注意写清楚每一步的推理和计算，并且要与标准答案进行对比和分析，找出自己的优势和不足，这样可以提高逻辑思维能力和答题技巧。

3. 错题整理和深度消化

错题是我们学习物理最宝贵的资源，我们要及时把错题归类，进行分析，并且把它们记录在错题本上，定期复习和消化。通过错题我们可以发现自己的知识盲点和思维误区，及时地补救和改进，这样可以避免重复犯错，增强学习效果。

8.5　化学和生物怎么学

在本节中，我们将分析化学和生物这两科的特点，介绍学好这两科的方法和策略，以便大家更轻松地学习化学和生物。

📖 8.5.1　化学和生物的特点

化学和生物文科属性比较强，理科思维部分很少。光靠聪明是学不好的，大量的知识点需要记下来、背下来。这两科的知识点相对来说没有那么结构化，主要特点是密度高、碎片化、小而杂。虽然近几年考试的一个趋势是逐渐减少机械记忆类的试题，注重对概念的理解深刻，但是要考好，仍然离不了见多识广和大量记忆。

另外，这两科的学习时间比较短，要重视提高课堂效率，充分利用碎片时间。

这两科也是最容易考满分的科目，都不应该作为拉分科目，尤其是初中，要以满分为目标。

📖 8.5.2　基础知识的积累

1.零散知识分散记忆

什么是零散的知识呢？拿化学来举例子：物质的类别和特点、化学元素、化合价、酸碱盐的各种性质、化学反应方程式、反应原理、化学反应的速率、化学反应产生的热量等，甚至实验方法、实验步骤，都可以拆分成一个一个的零散知识点。生物也类似，但生物的特点是有大量的图片，结合图片记忆效果更好。

零散知识的记忆要注意一点，能不用口诀记忆就不用口诀。用口诀记忆，虽然背的时候可能快一点，但回忆的时候要先回忆起口诀，再回忆起具体内容，这种二次反应不如条件反射更直接、更迅速。

这些零散知识来源于课本和做题，课本上大量的边边角角的细节都需要背下来，题目中碰到不熟的、陌生的知识点，也要及时记录在消化本上，分散消化。

2. 结构化记忆

初中的知识点，利用碎片时间分散记忆基本上就可以了。但是到了高中，知识点有了数量级的变化，比如高中的有机化学，体系庞大，容易混淆。所以对高中的知识点需要进行梳理和归类，可以画思维导图辅助记忆，防止记忆混乱和细节丢失。

📖 8.5.3 有效刷题

1. 有效刷题

这里主要说大题。生物的大题基本上可以直接用课本知识回答。遇到难度大的题型，比如遗传类，可以专项刷题，集中突破。

化学的大题会有些小变形，多刷题可以见到不同的出题形式。刷化学题需要总结规律，积累一些解题技巧和易错点。

化学实验题，要多问为什么，明白实验目的，清楚实验操作细节。

2. 集中刷卷，突击涨分

如果时间来不及，集中刷卷也是一个可以突击涨分的方法。真题卷优先，模拟卷和其他综合卷其次。刷够 20 套试卷，并做好错题分析，深度消化，你会发现常考的点就那么几个，短时间大量涨分还是有可能的。

8.6　政治历史地理怎么学

政治、历史和地理这三科通常需要记忆大量的事实和概念，并且涉及很多事件、人物、地点等琐碎的知识点，因此掌握学科的脉络非常重要。下面介绍如何有效抓住学科的脉络，达到事半功倍的效果。

📖 8.6.1　学科特点和答题方法

政治、历史和地理这三科放在一起说，是因为这三科有共同的特点和答题方法。首先，这三科都有大量的记忆内容，很多学生会陷入背了忘、忘了背的恶性循环。其次，即便你把课本上所有的知识都背得滚瓜烂熟，也不一定能够在考试中拿到高分。因为这些学科考的不是简单的死记硬背，而是需要学生深入理解原理和概念，结合所学的知识来解决材料中的现实问题。既然是解决现实的问题，那么如果直接照抄课本上的答案，肯定是得不了高分的。这就是为什么有的学生觉得这三科像是玄学，老觉得学的不考，考的不学。

在答题方面，政治、历史和地理经常会出现一些选择题，其中的选项都是对的，但是结合材料，有一个更对的选项才是正确答案。因此，按照传统的直接选择法去做题，很容易出错，必须要用排除法，概括总结出最合适的选项。对于大题，需要深入理解材料，联系所学知识，明确答题方向，然后作答。虽然课本内容不会直接考，但考试涉及的原理和概念都来自课本。也就是说，课本的内容背了不一定得高分，但不背肯定得不了高分。

接下来，让我们探讨一下如何加速学习政治、历史和地理这三科，以及在掌握知识的基础上需要做些什么。一旦你掌握了有效的学习方法，所谓的"玄学"就不再那么神秘了。

📖 8.6.2　把握脉络，加速学习

所有的学科都有它的学科逻辑。先掌握学科的底层逻辑，把握住学科的脉络再去学习，效率就会高很多。

1. 历史的脉络

历史的脉络用一句话说就是由时间和事件组成的一个二维时间轴。历史的事件，无外乎军事、文化、政治、农业、生产工具等方面。先梳理时间线，再把事件进行归类和整理，添加到时间线上，就得到了一个大事的时间轴。时间轴要自己总结，尤其注意一些高频考点的整理。用时间轴把知识串起来，整个历史的脉络就会慢慢地越来越清晰，记忆速度也会越来越快。

例如你要学习中国近代史的重要事件，你可以用二维时间轴来表示各个事件的发生时间和影响。横轴可以用来表示时间，从1840年到1949年，这是中国近代史的主要时间段，涵盖了从鸦片战争到中华人民共和国成立的历史过程。纵轴可以用来描写事件，每个事件可以用一个圆形或者方形来表示，大小可以用来区分影响的程度，颜色可以用来区分不同的类型或者主体。例如，你可以用红色表示革命或者抗争类的事件，用蓝色表示改革或者开放类的事件，用绿色表示文化或者教育类的事件，用黄色表示外交或者合作类的事件。这样就可以一目了然地看出各个事件的先后顺序、相对重要性、类型和主体等信息。

2. 地理的脉络

地理的脉络毫无疑问就是地图。地理是无图不题，所以掌握地图，让地图在大脑中清晰起来，对于地理的学习至关重要。比如中

国地图上不同区域的经纬度、气候分布、地形分布、降水分布、交通运输分布和农作物分布等。世界地图的各大洲大洋的经纬度、气候特征、洋流分布等。平时对着空白地图练习填写和描画，也可以自己直接手绘地图。

地图可以直观地展示出地理要素的分布、特征、关系和变化。通过地图，我们可以更容易地理解和记忆地理知识。学习地理，就是要了解这些东西，所以看地图是最快最好的方法。比如：

- 地图可以帮助我们掌握基本的方位、距离、面积、形状等空间概念。
- 地图可以让我们了解不同地区的天气、土地、植物、河流、矿产、人口、城市、国家等。
- 地图可以帮助我们分析不同地理要素之间是怎么互相影响的，比如洋流对气候的影响，气候对农业的影响，农业对人口的影响等。
- 地图可以让我们探究为什么会出现一些不同的地理现象，以及它们会带来什么后果。比如沙漠化的原因和影响，城市化的原因和影响，全球变暖的原因和影响等。

所以，地图就是学习地理的捷径，它可以让我们更快更深入地学习和使用地理知识，提高我们的地理学习水平和能力。

3. 政治的脉络

政治的脉络就是概念和原理，要熟练掌握。很多学生觉得概念和原理很难背，那是因为它们很抽象，如果死记硬背，不仅记的时候很痛苦，而且只能形成短时记忆，时间一长就忘了。要在理解的基础上背诵，而且要多思多用，方可熟中生巧。比如：

- 你可以用自己的话或者例子来解释概念和原理，这样可以加深印象，也可以检查自己是否真正理解了。
- 你可以把相关的概念和原理归纳成一个体系或者框架，这样可以帮助你建立逻辑关系，也方便你回忆和复习。

● 你可以把学过的概念和原理运用到实际问题的分析和解决中，这样可以提高你的思维能力和创新能力，也可以增强你的兴趣和信心。

所以，政治的脉络就是概念和原理，要熟练掌握。只有在理解的基础上背诵，而且多思多用，才能真正掌握政治知识，提高政治素养。

另外，思维导图对这三科来说都是非常重要的。因为它们的知识点又多又杂，同样的知识点，可能前面出现一回，后面又出现一回，很容易造成记忆上的混乱。用思维导图进行梳理归纳，形成知识体系，会有很好的效果。开始学习的时候，可以前导图的方式来记忆，复习的时候最好用后导图的方式，自己梳理归纳才更有感觉，记忆更深刻。

📖 8.6.3 错题如何处理

这三科的题目，重在分析和理解，分析理解题目比大量刷题更有用。多从出题者的角度思考问题，弄清楚考察的是什么，为什么这么出题。归纳题目背后的基本概念、具体原理、基本规律，并加以消化和理解。把错题知识点、题型、答题模式以及大量的专业术语整理到消化本上，进行深度消化。分类归纳多了，对于知识的认识就会越来越清晰，应对考试也会越来越有把握。

第 9 章

高频疑难问题解答

本章将针对学生和家长咨询的若干高频问题做出解答。这些问题涵盖了学习效率、学习状态、年级特点、家长角色四个方面，可以帮助学生和家长更好地解决疑点和困惑。

9.1 与学习效率相关的问题

📖 9.1.1 听觉型学习者怎么高效学习

每四个人中就有一个是听觉型学习者，这类学习者通过听觉来获取信息的能力更强。即便你不是听觉型学习者，也不是完全没有听力学习的能力，只是很少有意识地用听觉学习而已。用耳朵去学习是一个几乎被所有学生忽视，但确实超有效的学习小妙招。

你可以把消化本上归纳总结的知识点，用自己的声音录下来。不管哪科都可以，语文古诗词、英语句子、历史知识，甚至是数学公式、物理定理、化学分子式，都可以用这种方法巩固记忆。作为日复习的一种补充方式，将上下学路上、睡觉前等碎片时间充分利用起来，当背景音乐听，学习更轻松高效。

📖 9.1.2 哪些是浪费时间的学习方法

第一个：课堂笔记做得非常详细，非常漂亮，导致课堂听课不够专心。课上学习非常宝贵，没有必要把老师讲的都记下来。只需要记录三点：一是关键点，即课上的关键词，课下复习的时候使用；二是难点，即对你来说的本节课的难点，需要自己思考巩固；三是问题点，即要问老师的问题，课下及时找老师答疑解惑。

第二个：将错题全部工工整整地抄在错题本上，考前发现根本没时间看。用消化本，把不懂的知识点放在消化本上，才能减轻复习的压力。

第三个：花大段时间集中背诵。不懂分散复习，与其集中 2 小时集中背诵，不如把 2 小时分散开，利用零散时间分散记忆，提升效率和效果。

📖 9.1.3　差生怎么实现稳步提升

差生能不能逆袭？怎么逆袭？差生当然可以逆袭，但要注意方法。这里要强调一个词——最近发展区。学生只有处于最近发展区，才能调动积极性，发挥潜能，从而超越最近发展区，达到下一发展阶段的水平。说白了，学习的内容太容易了得不到锻炼，太难了又影响积极性，学不下去。每个人的最近发展区是不一样的。差生要找到自己的最近发展区。才能实现进步乃至逆袭。怎么做呢？在多轮刷卷的时候可以有些取舍。每次考试之后看一下你的试卷，把丢分的题目按照难易程度分成两半，难的那一半直接舍弃，不看也不想，投入双倍精力给容易的那一半，确保下次考试这部分可以得分。再考试的时候，仍用这个办法操作。这样做的原因是学习有层次之分，基础牢固了才有对付中等题目的基础，中等题目上手了，高难度的题目也就没那么难了，很快你的成绩就会提升。

📖 9.1.4　为什么有的东西总是记不住

为什么我们能很容易地记住一些电视剧的情节，而学过的知识却总是会遗忘？在这里，我们要了解一个认知学原理：记忆是思考的残留物。如果把我们的记忆系统比喻成替我们做信息筛选工作的小黄人，那么，他怎么替我们做决定，要留下什么，要扔掉什么呢？小黄人是这样判断的：如果你的大脑仔细思考过一件事情，那么你就有可能再度想起它，所以它应该被存储。也就是说，你记住的不是你想要记住或你尝试记住的，而是你思考过的事情。所以理解之后再去记忆，才能记得更牢固更持久。

所以记不住的第一个原因就是缺乏理解。比如有的句子明明很简单，可能也就十几个字，但背了好多遍就是记不住。原因就是缺乏理解。理解就是把新知识和旧知识体系链接起来。缺乏理解有两层意思：一是知道这句话本身是什么意思，否则就是死记硬背，早晚会忘；二是知道这句话在整个知识体系中处于什么地位。

充分理解相当于把知识像大树的根系一样相互连接起来，这个过程也是精细加工的过程。所以当你觉得一个知识点很难消化的时候，不妨回头检查一下，精细加工环节的工作是不是没有做到位。

记不住的第二个原因是记忆方法不对。一般我们认为，记忆的核心应该是大量地往大脑里装东西，装的次数多了，自然就记住了，也就能输出了。但真正高效的记忆方法是，在你还没有记下来的时候，就尝试把它从大脑中提取出来，提取不是检验背诵的结果，提取本身就是记忆的一部分，可以显著提高记忆的效率。有意识去背的东西，都会存储在我们大脑的某个地方。我们忘记一些东西，不是因为脑子里面没有了，而是你找不到了。考试考的是提取的能力，而不是输入的能力。所以你与其重复阅读，不如给自己做一次检查。这就是很多学生虽然重复读课文，可就是记不住的原因。

📖 9.1.5 具体怎么提取记忆呢

提取记忆的效率是输入记忆的十倍不止，在把知识从大脑中提出来的过程中，知识之间会生成链接，这种链接是记忆的基础。

▶ 具体的提取记忆的三个方法。

（1）关键词提取：类似于填空题，比如配有红膜的，用来背诵的小册子，就是让你根据一定的线索，把关键信息补充上，相对来说比较容易。

（2）导图提取：这种方式比较适用于长篇记忆，比如背语文课文或英语文章，借助思维导图回忆整篇文章，然后在多次重复之后脱离思维导图，尝试完整记忆。

（3）纯回忆：比较适合考前复习或者单元复习。学习了大量知识之后，知识和知识之间会打架、不协调，用纯回忆的方式把能记起来的知识写下来，并且用思维导图进行组织，然后再查缺补漏，进行全面复习。

📖 9.1.6　如何轻松背诵大段文章

一个家长问，孩子一篇课文背了 3 小时也没背下来，非常痛苦，该怎么办呢？

用死记硬背的方法，一段一段地背诵，肯定会很枯燥很困难。而且背完最后一段，当你想要复述一遍时，可能会发现前面的内容已经忘记了，只能记住最后一段和最后几句话。

如果你背大段的内容，比如政治、历史、长篇课文比较吃力，可以试试下面这个方法。

假设你面前有一池塘鱼，你想把它们都捞出来，是用一根线去捞呢，还是用一张网去捞呢？肯定是一张网，对不对？但是很多孩子背课文就是一句接一句地背，就像把所有的鱼都挂在一根线上，一旦这根线断了，后面的鱼就掉下来了。聪明的做法是，我们先编一张网，什么意思呢？先把课文分成几个大段，然后用自己的话归纳一下这几个段落讲的是什么，写下来。再把每一段分成几个部分，还是用自己的话归纳一下，也写下来，最好用思维导图的形式。这样呢，就相当于给要背的课文编了一张网，先对着这张网，就是你画的思维导图，试着回忆整篇文章，没问题之后，慢慢脱离思维导图，尝试背诵整篇文章，反复几次，整篇文章很快就搞定了！

📖 9.1.7　一个人怎么使用费曼学习法

费曼学习法，就是把知识讲给别人听，如果让小白都听明白了，那么讲的人肯定明白了。学习的时候身边没有小白怎么办？可以变通一下，用录音机或手机把讲的过程录下来，如果讲的时候没有磕磕绊绊，听的时候还能听明白，就没问题了。更好的方法是写下来，知识从大脑中落到纸面上，就是把知识从模模糊糊的感觉到清晰呈现在眼前的过程。能清晰地写出来，就是真会了，否则只是一种"学会了的感觉"而已！

📖 9.1.8　怎么利用睡眠来学习

充分利用睡眠记忆的机制，能让你的记忆效率提升几倍。

第一步：利用睡前时间背诵。比如你晚上 11 点睡觉，那么晚上 10 点到 11 点之间，只安排背书的任务，用上面所说的关键词提炼的方法，尽可能多背。

第二步：录成一个 10 分钟左右的音频，一般 1 分钟可以录 300 字，10 分钟就可以录 3000 字，足够覆盖你要记忆的内容。在睡觉的时候循环播放录音。可以定时 20 分钟关闭，一般 20 分钟之内差不多也睡着了。

第三步：早上起床之后的 30 分钟，抓紧回忆一下昨天晚上记忆的内容，能写下多少是多少，写不出来的内容空着。再听一遍音频，把空着的地方补充上，直到补全为止。睡前不会受倒摄抑制的影响，起床后不会受前摄抑制的影响，所以这两个时间段是记忆效率最高的黄金时间。音频可以保存着，碎片时间重复几遍，知识就会被记得很牢固了。

📖 9.1.9　阅读速度很慢怎么办

阅读速度为什么会慢呢？有这么几个原因。

一是总在回读，就是说在读书的时候，老是会漏掉信息，不得不回头去看，影响了阅读速度。针对这个问题，可以用指读的方法练习一段时间，直到不会漏信息为止。

二是受到声音的影响。读书的时候，脑子里面总有个声音在复述，那你阅读的速度就等于你的朗读速度，这个是大声朗读留下来的后遗症。小时候可以用大声朗读来加深印象，大一点的时候就要摒弃这个声音，否则你阅读的速度永远不会超出你的朗读速度。解决方法是在阅读的时候默默数数，或者默念文章开头的一句话，替换掉复述的声音。

三是阅读的视野受限。有的人可以一目十行，有的人一目只能看到一个词语，这就是阅读视野的差别。可以用"舒尔特表格"练习扩大阅读视野。

这三点做到了，阅读速度翻个两三倍应该没问题。

📖 9.1.10　严重偏科怎么办

消灭偏科是中等生和差生成绩提升的关键。严重偏科的话，就需要倾斜资源，集中突破。语文和英语这两个学科很难短期内大幅提分，得注重平时的积累，不要落下。偏科说明你的知识漏洞比其他同学更多，所以不能完全依赖老师。要主动学习，寻找问题，暴露问题，把自己的知识漏洞补上。如果偏的是理科，比如数学、物理这种强结构学科，你可以用集中突破法来弥补。根据欠缺的知识量，酌情安排一段合适的时间，比如1周到4周，在不影响其他学科进度的情况下，时间和精力尽量倾斜到这一科上，这样可以迅速提分。最后摆正心态，一时偏科属于正常现象，并不代表你某科注定就学不好，踏踏实实把自己的注意力放在每天的进步上，偏科问题一定能得到解决。

📖 9.1.11　所有科目都差怎么办

如果每科都很差怎么办呢？建议把最有兴趣、感觉最容易的学科放到最佳时间去学习。可以试试短时间内提高一门成绩，这样不至于全军覆没。而且，从单学科的进步中找到自信，可以提高对学习的兴趣。有了一科好成绩后，便可以与同学互通有无，在这个科目上帮助同学，在其他科目上请教同学也就有了底气。

📖 9.1.12　为什么总说把平时的作业当成考试

很多学生不理解，为什么要把平时的作业当成考试。因为学习理论里面有一个很重要的理论——学习迁移理论。影响迁移的一个很重要的因素是学习过程和学习结果的相似性。把平时的作业当成考试，就是把平时学习新知识的场景和考试检查知识的场景，在心理层面上形成相似性关联。每天的作业都跟考试一样，那么时间长了，考试的时候知识就能更有效、更快速地被提取出来，获得理想的成绩。

9.1.13　难题要不要死磕

一些学生在难题上花费的时间最多，恨不得花几个小时去钻研一道难题，做出来会很开心。但是同样的时间你可以处理 10 道普通题。死磕难题的过程就是拼命在练习，但这个时候你不是缺乏练习，而是缺乏学习，技能没有学到手，练习就是无用功。不如用这个时间去学习，了解这道题正确的解题思路是什么，看参考答案，问老师、问同学，先学再练。同样一个小时的时间，这样做可以搞定 10 道题，一次两次看不出差距，时间长了效果就很明显了。

9.1.14　如何利用假期快速冲刺

前期：用上面提到的写作业的筛选法，花 3 ～ 5 天完成假期作业，并对错题进行精细加工，把需要二次巩固的内容记录到消化本中。再花 3 天时间高频回顾，深度消化。

中期：复习巩固。拿出上学期的试卷，看一下是不是错题比较多，漏洞比较多。重练最近的 10 张试卷，用满分刷卷法刷到满分为止，同时做好精细加工和深度消化。

后期：做好衔接。把下学年的至少 3 个单元（越多越好，根据自己的情况掌握）内容进行深度检测式预习，这样下学年一开学就能占据心理优势。

9.1.15　成绩不好要不要补课

大部分学生都不需要补课。

学习是寻找问题、精细加工、深度消化的过程。补课就是让别人给你讲明白，属于精细加工的方式。我们前面介绍了，精细加工的方式有很多，比如粉末化拆解、课本、优质的教辅、视频课、网络资源等。现在的教辅解释得很详细，重点难点都会给你标出来，就怕你不明白；思维导图帮你归纳好，甚至复习计划都帮你制订好。何况还有同学、学校老师作后盾。这样一来，99% 的问题都可以得到解决，重点还是自己的自学能力。

📖 9.1.16　可不可以用手机搜题呢

当然可以了。学习就是先把不会的变成会的，不管用什么途径，看答案也是一种途径，而且是效率非常高的一种途径。学生的学习大部分是对前人经验的模仿和复制，对人类智慧的学习和继承，学习不是跟难题死磕，一个问题通过看答案的方式学会了，没什么好丢人的。答案看懂之后，再找几个类似的问题检验一下，如果都可以做对，那就是真正理解了。

📖 9.1.17　怎么上好网课

▶ 怎么在家上好网课呢？提供几个小建议，你可以参考一下。

（1）最好有一个独立的房间当作教室，学习环境要明亮、整洁、有序，家人不能随意进来打扰。

（2）最好选择屏幕大、护眼的设备，屏幕越大沉浸感越强烈。不要用手机，因为干扰太多。

（3）上网课师生之间的互动性比较差，所以最好做预习，紧跟老师思路，防止中途开小差。

（4）课堂笔记只记重点和难点，用关键词、画圈甚至截屏的方式快速记录，自己看得懂就行。

（5）除了听课时间，其他时间可以约几个同学进行云自习，互相监督，创造一个好的学习环境，完成老师布置的学习任务。

📖 9.1.18　怎么提升考前复习的效率

到了考前复习的时候，学生的学习时间很紧，但大部分学生复习的效率并不高。原因就是不能快速定位到自己的知识漏洞，从而有针对性地复习。如果在复习的时候，被动的问题解决得差不多了，那就需要主动暴露自己的知识漏洞。用下面这个方法，可以快速暴露问题，节约一些宝贵的复习时间。

第一步：复习某一章的时候，先靠自己的记忆画出这一章的思维导图，10 分钟左右就可以。如果 10 分钟还回忆不出来，那就说明这部分内容存在记忆障碍。

第二步：对照课本目录进行补充，如果发现有不理解的地方，翻开课本去看细节。

第三步：补充完了之后，用自己的话复述一遍，对于还是复述不出来的内容，可以把它们记录到消化本上，进行高频复习，或者找相应的题目进行刻意训练。迅速定位问题，进行刻意训练，弥补漏洞，才能更快地提升。

📖 9.1.19　怎么快速搞定某一类题型

如果某种题目是你的心里阴影，怎么都做不对，怎么办呢？前面讲过用两周时间集中突破薄弱环节。如果你没有两周的时间，并且要解决的问题也没有那么复杂，那就用微冲刺的方法来搞定它。就像太阳光聚焦之后可以烧开一壶水一样，把你所有的精力在短时间内全部投入这个薄弱点上，解决它的概率就很大。准备好足够的题目，准备好标准答案，以及 3 小时的时间，开始做题。如果想了 5 分钟还没有思路，就去学习标准答案，学完之后再答一遍，然后再对照着标准答案改一遍。这样快速向前走，一般小的专题 3 小时就足够了。如果要攻克的专题比较大，3 小时还不够，那建议你先停一停，因为再持续学习的话，学习效率会直线下降。可以在第二天再拿出 3 小时来一次微冲刺，直到解决这个问题。

9.2　与学习状态相关的问题

📖 9.2.1　如何提升专注力

有两个既不花钱又非常有效的方法，可以有效提升专注力。第一个就是飞行员都在用的"舒尔特方格"，这是科学、有效的注意力训练方法，具体方法可以自行查找。飞行员的平均成绩是 6 秒，我们如果能进入 10 秒以内，就是非常好的成绩。第二个是不中断跳绳。挑战连续跳绳 100 个不中断，既可以锻炼身体，还可以锻炼注意力。每天坚持锻炼，专注力就会明显提升。

如果想短期内快速进入状态，怎么办呢？教你一个 3 秒进入状态的方法：双手紧紧捂住耳朵，关闭听觉；紧闭眼睛，关闭视觉；大脑中快速想一下你接下来要做的事情；睁开眼睛。这样就可以马上进入状态了。

📖 9.2.2　考试紧张怎么办

有些学生考试之前总是特别紧张，表现为心跳加速、呼吸困难、肚子疼、想吐。大考不光考知识、能力，还考心理素质。心理压力越大，越影响正常水平发挥。可以用下面四个方法缓解考试的紧张感。

第一，保持冷静，调整心态。告诉自己考试没什么大不了，胸有成竹、沉着应对，往往能超常发挥，考出好成绩。如果考题难，那么不光你觉得难，所有考生都一样。考试看的是排名，只要你比别人冷静，你就赢了。

第二，熟悉环境和大脑预演。提前熟悉考试环境可以减少焦虑。在大脑里面预演一下整场考试的情景，真正考试的时候就会有一种熟悉的感觉，减少陌生感和紧张感。

第三，反向调节。心理紧张会导致身体紧张，所以心理和身体是相关的。我们控制不了紧张的心理，那就控制身体，身体的紧张缓解了，心理也就不紧张了。试一下这个方法：握紧拳头深吸一口气，然后慢慢放松拳头，同时长长呼出一口气。一次大概 5 秒，做 3 组，只需要不到 20 秒，身体的紧张很快就缓解了。

第四，利用积极的反馈。考试的时候先挑有把握的题目做，前面的基础题目做得顺利，可以给你带来一些积极的心理反馈，让你快速进入状态。不要破坏这种心理状态，因为这种心态下思维活跃，更容易超常发挥。

📖 9.2.3　学累了怎么办

怎么能快速缓解学习的疲劳感，迅速改善状态、继续战斗呢？下面是我经常用的四个方法，希望对你有点启发。

第一，聊聊天。不是闲聊，找个人把你刚学的东西讲给他听，这样既可以得到休息，又能巩固刚学的知识。

第二，干小活。整理整理桌面，洗洗杯子，在家的话可以做做家务，换换脑子。

第三，小运动。做做拉伸，原地跑 5 分钟，适当提高心率，还可以锻炼心肺能力。

第四，睡一觉。最好的休息方式就是睡觉了。脑子很乱的时候，闭上眼睛，什么也不想，睡上几分钟，又能再战几个小时。

以上四个方法亲测好用，切忌刷视频、看小说或者打游戏，这样非但得不到休息，大脑还会更累。

📖 9.2.4　怎样提高学习的主动性

提高学习主动性应做好以下三个方面。

第一，目标感。要清楚你在做什么和你要做什么，这个很重要。一个好的目标是动力的保障，如何设定一个好的目标可以参照我们前面讲的有关心流的内容。

第二，降低难度。任何人面对无法完成的任务都不会有很强的动力，降低难度的通用方法是重复和拆分。

第三，提升成就感。成就感是你上一个阶段付出行动的正向反馈，也就是"我能行"的感觉。提升成就感可以提高自我胜任感，同时也是开始下一个阶段任务的动力源泉。

📖 9.2.5　为什么习惯比毅力重要

教育的核心就是习惯的培养。重复成习惯，习惯成自然，自然成个性，个性成命运。只有把熟练变成习惯，好的方法才能随时随地得以应用。班级里面顶尖的学生给人的感觉都是稳稳的，看似不费劲，进步很快，那些常常打鸡血的，成绩反而不怎么样，所以比毅力更可靠的是习惯。

📖 9.2.6　怎样提高自控力

自控力就是自我支配的一种能力，比如说为了减肥每天晚上都不吃晚饭，这很难。那如果控制今天晚上不吃饭呢？那可能相对容易一点。有没有更容易一点的？就是到了晚上控制这一个小时不吃饭，过了一个小时，再控制下一个小时不吃饭，这样是不是就容易多了？

同样的道理，培养使用超级番茄钟学习的习惯，如果控制了一个番茄钟做什么事情，休息 10 分钟，再控制下一个番茄钟做什么，一点点增加，你发现控制自己其实也没什么难的。

📖 9.2.7　为什么玩游戏这么让人着迷

一个大学校长曾经对新生致辞时说："上了大学被取消学籍的学生，90% 是因为游戏，100% 不值得同情。"游戏之所以能上瘾，是因为它过度利用了大脑的奖赏回路。打游戏的过程中，大脑会分泌多巴胺，让人感觉到很快乐。多巴胺消退之后，又会让人觉得很空虚。这种不舒服的感觉就像一个大棒，强迫你又去打游戏，获取更多的多巴胺。其实，真正投入学习也可以分泌多巴胺，也可以很快乐。古人说五色令人目盲，五音令人耳聋，要想感受真实世界的美好，就不要过度沉溺于感官的享受，与其在游戏里上分，还不如在学习中上分。

📖 9.2.8　怎么戒掉游戏

一个快速戒掉游戏瘾的小妙招非常管用，就是每次玩够了游戏之后，直接把它卸载了。这样你下次想玩的时候，打开手机或电脑，不能立马开始享受快感，而是得先下载游戏。现在的游戏越做越大，安装就得花上一段时间。这招为什么好用呢？因为这不需要耗费你任何的意志力，只需要你提前做点事，给你的坏习惯的回路找点麻烦。如果没忍住，又玩上了游戏，没关系，多卸载几次就好了。

📖 9.2.9　熬夜学习值得吗

有的人总以为多学一会儿是一会儿，学了总比没学强。但其实充足的睡眠是专注力、思考力和学习力的起点，熬夜学习在效率上是非常不划算的。延长一个小时的学习时间，结果影响了第二天8小时、10小时的学习状态，学习效率不增反降。

波士顿大学的科学家在《科学》杂志上发表的一项成果证实了"熬夜会变笨"这个结论。我们睡觉的时候，红色的血液流出，蓝色的脑脊液进入大脑，帮助大脑清除"毒素"，这些毒素包括导致阿尔兹海默症的β淀粉样蛋白。这个过程只有在睡觉的时候才能实现。也就是说，如果你熬夜，脑脊液是没有办法进入大脑帮你清除毒素的。这也就是我们好好睡了一觉以后，觉得神清气爽的原因。建议大家养成健康的作息习惯，科学学习，在学习效率上下功夫，保证睡眠质量，远离熬夜。

📖 9.2.10　考试时"粗心"丢分怎么办

首先，把"粗心"从你的词典里面删去，不要让它成为一个万能借口。其次，我们来分析一下导致粗心的原因。

（1）知识不熟练。1+1=2怎么不会因为粗心而算错呢？因为太熟了。所以那些因为"粗心"丢的分，很可能是对某个知识点不熟导致的，把它挖出来，好好消化。

（2）审题有误。出题老师喜欢在题干里埋坑，所以我们要不放过任何一个词语和标点符号，可以用笔标一下关键词。事后总结一下踩过的坑，反复地看，练就"火眼金睛"，强化审题能力。

（3）不够专注。专注力是做任何事情的好帮手，用前面讲的方法训练专注力。

（4）心态问题。心态要放平稳，重视但不过度紧张。过度紧张也会导致该得的分得不到。

📖 9.2.11 为什么越自律越自由

为什么越自律越自由？自律不是跟自己较劲，非要去做什么，或者非要不做什么，而是你可以在该干什么的时候就干什么，不管你多么不想干；可以在不该干什么的时候就不干什么，不管你多么想干。当你拥有控制权，而不是被欲望控制的时候，你当然是自由的。

📖 9.2.12 怎样克服懒惰呢

"懒惰"换一个词来表达就是"不行动"。不行动的根本原因是，获得的比付出的少。比如搬1000块砖给你10元，你压根不会去搬。但是如果跑1000米就给你10万元，你就能立刻行动起来。所以要想行动起来只有两条路——减少付出的成本，增加获得的收益。这就是为什么学习要有闭环的原因。闭环就是从问题到知识，从模糊到清晰。把一个题目消化到极度透彻，把一张试卷刷到满分，这都是闭环。闭环结束之后获得的成就感就是你的心理收益，半途而废是无法获得这种收益的。

📖 9.2.13　学习为什么费劲呢

学习之所以费劲，是因为你没有跟自己的大脑搞好关系。比如大脑不喜欢杂乱的毫无意义的信息，如果死记硬背，硬塞给大脑，它很快就会厌恶、罢工。大脑喜欢有条理的、有联系的信息，提前把学习材料做点处理，提前根据大脑的喜好给它准备信息，可以大大减轻大脑的负担。

这种处理通常包括过滤、整理和包装。过滤掉垃圾信息，只保留有效信息，然后把信息整理归纳、压缩，尽量跟已有的知识体系联系起来。最后，用大脑喜欢的形式包装一下。大脑喜欢的形式有画面、故事、情绪、地点等。比如背诗的时候可以想象画面，背历史的时候可以编个故事，背单词的时候可以调动情绪。跟你的大脑成为好朋友，主动减轻大脑的负担，它才能开心地帮你学到更多的东西。

📖 9.2.14　学习有什么意义

换一个角度来聊聊学习的意义。我们暂且不讨论人格教育、美学教育等让你活得更好的东西，我们只讨论能让你活下去的技能教育。人类是靠获得相对优势来避免个体存在度降低的，除非你强大到可以不受基因的控制，否则就不得不参与这场竞争游戏，这是无法避免的。

那么，身高、体重差不多的两个人，他们的差别到底在哪里呢？差别就在于他们自身的复杂度不同。有人是小草，有人是大树。有人一眼就能看到本质，有人花半辈子也看不清一件事，那么两者就拥有不一样的命运。学习的目的就在这里，大量的背景知识让你有了线性的逻辑思维，逻辑思维的积累让你拥有结构化思维，结构化思维的组合让你有了分析一件现实事物的系统化思维，系统化思维加上时间的变量让你拥有看透过去和未来的动态化系统思维。拥有动态化系统思维才能基本上把握住因果关系，增加成功的概率。

📖 9.2.15 怎么快速进入学习状态

很多人都有这样的困扰：想要学习，但是却无法快速进入学习状态，总是分心、懒散，以至于效率低下。其实，要想快速进入学习状态，只需要一个简单的方法，这个方法适用于任何阶段的学生或成人，那就是：积累困惑感。

什么是积累困惑感？就是在学习之前，先给自己提出一些问题，让自己对要学习的内容产生好奇和疑惑，从而激发自己的求知欲和兴趣。具体操作方法如下所述。

（1）当你坐在那里不想学习的时候，不要强迫自己去看书或做题，而是先拿出你要学习的内容，开始问自己一些问题。比如，你可以问：它在讲什么？为什么这么讲？到底什么意思？之前是不是学过类似的什么东西跟这个相关？

问的问题越多越好，越具体越好，越难回答越好。目的就是让自己感到困惑和难受，让自己对要学习的内容产生强烈的求解欲望。

（2）当你积累了足够的困惑感之后，你就会打开书本，开始寻找答案，开始专注地学习。你会发现，你的学习效率和质量都大大提高了。

通过这样的方法，你就可以快速进入学习状态，从被动变为主动，从厌恶变为喜欢。这样不仅可以提高你的学习成绩和能力，也可以增加你的学习乐趣和信心。

📖 9.2.16　考前如何保持好的状态

考试前要做好准备，并保持自己的最佳状态。这样就可以帮助我们更好地应对考试，取得好成绩。下面是考前保持好状态的几点建议：

（1）考前要吃好睡好，保证身体和大脑有足够的能量。早餐一定要吃，不要熬夜复习，可以早起一会儿看书。

（2）考前要有信心，相信自己的努力和能力，不要给自己太大的压力和期望，多给自己一些积极的心理暗示，比如："我可以，没问题！""我已经准备得很充分了，我一定能行！"

（3）考前要放松心情，不要想与考试无关的事情，也不要过分紧张或者无所谓。可以适当地做一些有氧运动，洗个热水澡，听听音乐，找人聊聊天，缓解焦虑和压力。

（4）考前要熟悉考试流程和规则，准备好文具和其他必需品，考试时要注意时间分配和答题技巧，不要因为小失误而影响心态。

（5）考完一科就忘掉一科，不要纠结于已经做过的题目，保持良好的心态，全力以赴准备下一场考试。

9.3　针对不同年级的问题

📖 9.3.1　小学阶段应该盯什么

小学的孩子考个 99 分、100 分。家长很开心，以为孩子成绩很好，但是到初中你就发现，这种"成绩好"并不真实。因为小学的知识点，其实只占全部知识体系的很小一部分。到了初中，尤其是到了初二，科目增多，各科难度陡然上升，好多孩子成绩迅速下滑。这时候我们才会明白，小学阶段得再多的满分，都不如有个好的学习习惯。

小学阶段，学生的习惯和心态的可塑性都比较强，到了初中或高中阶段，习惯和心态都会有一定的固化。知识可以突击，但习惯不能突击。所以在小学阶段，家长最应该盯的就是高效学习习惯的养成，这在小学可能看不出什么，但到了初中和高中，就会体现出优势来。

什么是学习习惯呢？比如笔记是否工整、解题过程是否规范；比如有没有发现问题、精细加工、深度消化的意识；比如高频回顾习惯有没有养成；再比如错题的整理、试卷的重练、圈题的技巧等。

📖 9.3.2　小学的大致规划是什么

▶ 小学 6 年大致是这样的。

一年级，小学的适应期，孩子会对新的学习环境感到新鲜好奇，上课不专心等问题比较多，这是正常现象。家长要及时发现孩子的问题，针对性地给出建议，疏导孩子内心的各种不安，帮助孩子逐渐适应小学的学习生活。同时要开始在家里安排固定的学习时间，逐渐规范作业完成的标准，为养成学习习惯打好基础。

二年级，习惯养成的过渡期。家长可以逐渐引入一些前面讲过的学习方法，比如提前预习、发现问题、高频回顾等。学习重点放在基础知识的掌握、基本功的练习、语文阅读量的积累和英语的大量有效输入。在培养孩子的学习习惯上，家长的坚持很重要。

三年级，开始对大量的知识进行系统性学习，各科难度有所提升，成绩开始分化的时期。家长可以有意识地让孩子进行精细加工、重练试卷等难度稍高的练习，直到全面引入三步极简学习法，形成正确的学习意识。同时对基础知识熟练度的要求不能放松，基本功的练习不能松懈，帮助孩子跟上节奏，为高年级的学习奠定基础。

四年级，学习习惯开始固化，并且孩子有了自己的意识。如果前几年养成了良好的学习意识和习惯，此时家长只需要做一个合格的教练，及时帮助孩子发现问题、解决问题，帮助孩子进行进阶退阶的练习，同时注意纠正一些小毛病，比如书写习惯、演算检查等，让孩子的综合学习能力得到快速提高。

五年级，学习逐渐以孩子为中心，开始培养孩子的自主学习意识。随着学习效率的提升，被动问题越来越少，自主问题会逐渐浮现出来，在适当的水平上，逐渐给孩子自主探索的空间和支持，比如更难一些的教辅，更大的阅读量，更多的应用机会。重视培养孩子的深度消化能力，比如总结归纳整理知识、高频复习、刷题刷卷等。学习内容方面，在重点和难点上多下功夫。

六年级，孩子自主意识更加强烈，会出现一些青春期的特征，比如内隐性、情绪的波动。家长不再主导孩子的学习，要以孩子为中心，家长退居二线作为教练和支持者、帮助者。学会跟孩子沟通，了解孩子真正需要什么，在孩子需要支持的时候及时提供帮助。在心理问题和学习问题上，要与孩子建立统一战线，一致对外，一起攻克孩子面临的生活和学习挑战。

整个小学阶段都是以提升孩子自身学习能力为核心，家长不需要过度灌输知识，而是让孩子锻炼出自主学习能力，然后靠自己的能力来获取知识。

📖 9.3.3 小学生怎样预习呢

▶ 小学各科应该怎样预习呢？

先说数学。第一步，理解课本上的定义、公式，扫清绊脚石。

如果是之前学习的内容影响了对新课内容的理解，优先复习之前的内容，做好新旧知识衔接。第二步，做课后练习。第三步，把练习过程中不懂的问题做好标注，或者抄在课堂笔记上，听课时重点去听。

英语主要是单词和课文的预习。第一步，把课文中不懂的单词圈出来，集中弄明白。第二步，进行课文的预习，尝试翻译一遍，把觉得难的句子做好标记，课上听老师分析。

语文的预习也是三步。第一步，朗读课文，圈出不认识的生字、词语。第二步，集中查字典，扫清阅读障碍，再次朗读课文，加深对课文内容的理解。第三步，解决课后习题。同样，遇到不会的问题，也要做好标注或笔记，课上重点去听。

📖 9.3.4　小学生时间感知差怎么办

有个家长说孩子时间观念差，这是正常的。年龄比较小的孩子，其时间感知能力还没有完全建立起来，你想象的一个小时跟他想象的一个小时是不一样的。也就是说，他对时间还没有感觉，比如，孩子在玩游戏，家长说"只能玩半小时啊"，孩子可能会问："半小时是多长啊？"8 ～ 14 岁的孩子对短时间的估计会逐渐明确，时间观念会逐渐稳定。时间感知的发育是普遍落后于空间感知的。对于时间感知比较差的孩子，最好买个沙漏来辅助计时，用空间感知来弥补时间感知的不足，这样更容易形成稳定的时间观念。

📖 9.3.5　小学有必要提前学小四门吗

小四门记忆的内容比较多，背诵的时间比较长，而且分数的比重也越来越大。为了给初中其他科目留时间，有的孩子小学就开始背初中小四门的知识点。但记忆是需要不断重复的事情，记忆的内容如果不高频出现，时间长了一定会消退，真正到用的时候所剩无几。所以小四门可以提前学，但是没必要直接死记硬背课本上的知识点。以启蒙为主，比如适合小学生读的历史漫画书也可以串成完整的历史线，一些地理的启蒙读物可以让孩子建立地理空间的初步印象。这样真正到学的时候孩子是有兴趣的、有框架的，再去记知识点就会更容易，也更牢固，事半功倍。

📖 9.3.6 小学的数学怎么提高

▶ 做好以下这五点。

第一，**激发兴趣**。小学分数再高，如果以牺牲兴趣为代价，就会得不偿失。培养兴趣，可以买一些数学启蒙的趣味书、杂志以及数学类玩具，让孩子觉得数学不枯燥。家长也可以把做数学题作为家庭游戏，和孩子一起挑战。如果比家长先做出来，孩子会非常兴奋，对数学的兴趣也会提升。

第二，**培养数感**。不要死记硬背答案，要引导孩子充分理解计算的本质，加减乘除的意义。

第三，**坚持计算练习**。计算能力是数学基本功，从小学一年级简单的计算题，到中高年级中高难度的计算题，每天都有，不要间断。我遇见过初中学生算"7+8"还得想半天的。

第四，**学会总结归纳**。尤其像应用题这种对逻辑思维要求比较高的，分析题目的特征是什么，考察的知识点是什么，用的公式是什么，以及每道题出错的原因是什么。即便是粗心造成的，也要把哪里看错了记下来，高频复习回顾会使出错越来越少。

第五，**注重过程**。过程的可视化、规范化比答对题目更重要，要注意思路是否清晰、步骤是否规范、书写是否工整，最终目的是追求卷面的清晰化和思维的清晰化。

9.3.7 初一科目太多了，学不过来怎么办

有学生问，初一开学科目太多学不过来怎么办？小学到初中，节奏变了，不太适应，比较慌，很正常。但是初一作为小学和初中的衔接阶段，其实内容的难度并不是很大，数学、英语、语文这几科只要正常听课加课后练习，就没什么问题了，历史、政治、生物、地理认真听课，用好消化本，做好高频复习就好。如果非要有取舍，那就把重点放在语数英上。因为数学逻辑性强，前后知识关联紧密，前面的知识不理解，后面就很难跟得上；而语文、英语这两科比较特殊，对于其他的科目来说考前临时抱佛脚总会有些用，但对于语文和英语一点用都没有。英语知识点非常杂，要的就是平时点点滴滴的积累和能力的训练，而语文要抱着做学问的心态学习也是非常吃工夫的，想要语文快速提分比较难。

9.3.8 为什么初二很关键

初二要比初一更加紧张。因为初二各科的难度普遍加大，数学更难了，而且出现了物理。初二是个分水岭，很多学生在初二时学习成绩会大幅下滑。

出现了新学科，要重视起来，多做预习，抢先拿下，为自己建立心理上的优势。学数学感觉吃力，可以用短时间冲刺法按题型刷题，逐个题型搞定，多轮刷卷，快速弥补漏洞。到了初二，七门学科不可能都得高分，偏科的现象就出现了。偏科会直接拉低中考的总分，所以初二要查漏补缺，解决偏科问题，为初三冲刺铺平道

路。如果对暴露出来的知识漏洞能拖就拖，甚至犹豫放弃，到了初三就会发现问题一大堆，没时间解决，特别影响自信心。

9.3.9 初一初二没学好，初三还有希望吗

有家长问：孩子初一初二没学好，初三还有希望吗？已经错过了初一初二，一定不能错过初三上学期，因为这可能是最后的机会了。很多学校在初三上学期会把整个学年的课上完，把下学期空出来接二连三安排大量的考试。所以初三上学期的学习进度会非常快，而且很多中考的大题、高频题也来自这个阶段的学习内容，如果不辛苦一下，跟上进度，到时候漏洞太多，补都补不过来。初三上学期一定要好好努力，把能做的做到极致，剩下的交给时间。另外，要加强体育锻炼，不管是为了中考体育拿高分，还是为了增强体质，应对繁重的学业，提高学习效率，都应该重视锻炼。

9.3.10 初中生理科学不好怎么办

如果理科不好，建议先把数学成绩提上去。你会发现数学学得好的，物理、化学这些科目差不到哪儿去。即使稍微弱一点，很快也能补上来。学习上有迁移效应，就是学习一种事物对学习另一种事物会有影响，比如你学会骑自行车了，再去学骑电动车就很简单。如果数学学得好，你的逻辑思维会很严谨，思考能力也很强大，甚至审题的方法和态度、策略和技巧都会自然而然地迁移到其他理科科目中去。所以偏科尽量别偏数学，理科不好那就想办法先把数学学好。

📖 9.3.11　高中的节奏大致是什么样的

高中三年，越到后面压力越大。所以为了避免后面措手不及，高一就应该开启冲刺模式。高一的数学和物理难度增加会比较明显，重点还是夯实基础，深度消化，提升熟练度。高二的数学、物理难度还会继续增加，其他科目的难度也会有一定的增加，学习起来可能会觉得很吃力，因此形成稳定的学习节奏很重要。在高三的三轮复习中，第一轮复习是把学过的重新再过一遍，节奏很快，所以上新课期间能解决的问题，尽量不要拖到一轮复习来解决；第二轮复习一般是专题复习，完善知识体系；第三轮复习基本就是查漏补缺，刷题找手感，做好高考准备。

9.4　家长比较关心的问题

📖 9.4.1　家长怎样引导孩子用三步极简学习法

首先，让孩子加深对三步极简学习法理念的理解。家长可以跟孩子一起聊一下本书，让孩子充分吸收本书讲的各种方法和技巧，建立起学霸的 6 个意识——问题意识、粉末意识、开水意识、满分意识、整合意识以及进退阶意识。

▶ 实操方面分为三个阶段。

第一阶段：起步阶段。主要任务是让孩子在学习中开始使用三步学习法。需要注意的是，要想形成一个习惯，开始的时候不能有太大的心理负担，压力不要太大。所以起步阶段，每天只录入 5 个问题即可，什么问题都可以，每天消化 3 次，每次消化的时间控制在 5 分钟左右即可，这样孩子不会感觉到有什么压力。执行 1 ～ 2

个星期之后，问题的数量可以慢慢增加，达到一个稳定的状态，小学高年级阶段不要超过 15 个，初中不要超过 20 个，高中也不要超过 25 个。每天的消化次数由之前的 3 次逐渐过渡到 6 次。这个阶段，家长主要盯紧录入和消化，可以适当用一些精神奖励、物质奖励来确保习惯的养成。

第二阶段：熟练阶段。此时孩子已经形成了每天录入、消化的习惯，家长关注的焦点应逐渐由注重形式到注重质量。关注录入的问题是否是经过孩子自己分析、提炼的；消化是否严格按照读讲读的方式来进行。家长可以用录音的方式来检查消化是否认真，用考核的方式检查前两天录入问题的消化情况，消化不到位的及时指出、修正。

第三阶段：深度阶段。习惯了三步极简学习法的步骤之后，本书中其他高强度的学习策略可以安排起来，比如试卷重练、专题冲刺、深度消化等，增加问题的覆盖面，增加消化的深度。

最后要注意的是，教育孩子要"知进退，守方圆"。方，是框架，是具体要求；圆，是圆融，是灵活处理，具体问题具体分析。没有方，便没有了约束，达不到学习的效果；没有圆，孩子的负荷太重，将不能持续。教育孩子，当方则方，该圆就圆，才能逐渐放手，培养出一个小学霸。

📖 9.4.2 孩子怎么才算开窍了

▶ 如果有以下几个表现，表明孩子可能开窍了。

第一，学习有了目标，开始希望自己某一科的成绩考到多少分，或者考进全班前多少名。

第二，会主动学，不用家长催促，甚至会学到需要家长提醒才休息。

第三，学习的时候专注力明显提升，可以很容易地快速静下心学习。

第四，不懂的知识点会主动问父母、问老师，或者寻求家长帮忙，买相关的辅导书。

第五，开始为了提高学习效率而总结自己的学习方法，或者主动寻求更好的学习方法！

📖 9.4.3 孩子学习没有动力怎么办

学习如果没有动力该怎么办呢？认知教育心理学家奥苏伯尔认为，学习内驱力分为三种，分别是认知内驱力、自我提升内驱力、附属内驱力。

如果一个孩子天生爱学习，可以在学习中感受到乐趣，那么他的动力就是认知内驱力。如果一个孩子希望通过学习获得社会地位的提升，比如当班干部，毕业之后高薪，实现阶层跃迁，那么他的动力就是自我提升内驱力。如果一个孩子学习是为了得到老师的赞许、家长的表扬或者家长的零花钱，那么他的学习动力就是附属内驱力。

三种内驱力中，认知内驱力是最稳定的动机，天生拥有认知驱动力的孩子是可遇而不可求的，但也不是不可以培养的。家长硬逼着孩子产生认知内驱力，只会适得其反，可以采取反向叠加的教育措施。

首先，可以利用物质和精神奖励，促进孩子生成附属内驱力。当学习有了基本的动力，进入正轨之后，孩子会得到更多的被尊重的机会，这就比较容易产生自我提升内驱力。持续性的自我提高让孩子习惯了不断产生成就感，从而让孩子在学习中体会到学习的乐趣，催化出稳定的认知内驱力。

9.4.4　如何让孩子爱上学习

仍然是闭环思维，让学习处于正向循环。其实爱学习是天性，小孩子是怎么学习的呢？先是受好奇心驱使，他们会动手一探究竟，学会了之后，大脑分泌多巴胺，获得开心的感觉，又去探索下一个事物，经历一个又一个完整的闭环。为什么长大了都不爱学习了？因为闭环被打破了，学习被催着走，总有很多错题在前面等着。恢复起来也不难，从发现一个问题，到精细加工解决困惑，再到深度消化产生掌控感，就是一个闭环。一张试卷从 60 分经过多轮刷卷刷到 100 分产生胜任感，也是一个闭环。不用什么外界的奖励（吃顿好的，或者买个手机），内在的奖赏就足够了。

9.4.5　如何让孩子逐渐养成自主学习的习惯

培养孩子自主学习的习惯，家长要学会逐渐后撤。拿做作业来说，可以试试下面的方法。

第一，装傻

不要比孩子还懂，如果孩子一不会了就问你，一问你就给出答案，那孩子的思维惰化不说，更重要的是，他的自信心被打击了。有问题问你，就说不知道，让孩子自己看看课本，查查词典，学会后讲给你听。

第二，容错

大部分家长会抓住错题不放，这不好。出现错题不要激动，更不要凶孩子，你一凶孩子，孩子就紧张，结果对错题产生了心理阴影。孩子从小学到大学，只要在学习就一直会跟错题打交道，如果一看到错题心理就有阴影，那还能学好吗？要让孩子知道出错很正常，错题是进步的机会，让他由紧张变成欣喜。

第三，溜肩膀

就像挑担子一样，孩子是很会溜肩膀的，一不小心整个担子就压在家长身上了。家长要主动溜肩膀，把学习的责任放在孩子自己身上。作业做不完了，应该是孩子急，而不是家长比孩子还着急。慢慢地，孩子就会习惯靠自己解决问题，主动性就有了。

9.4.6　孩子不跟家长沟通了怎么办

有个家长说，一跟孩子聊学习上的东西，孩子要么不听，要么着急、不耐烦。怎么跟孩子沟通呢？方法很简单，学会倾听。我们跟朋友能聊很长时间，是因为双方是建立在试图了解对方的基础上，在说和听的过程中，各自表达自己的观点。谁都不想一直听着，一直被灌输想法。孩子也一样，也需要被倾听。所以跟孩子沟通的第一步，就是愿意听孩子讲一个小时以上的"废话"。孩子只要想说，说什么都可以，家长耐心听着，忍住不要说教。当孩子把心里的事情全部说出来，开始愿意跟你聊天的时候，你应该就知道怎么跟孩子沟通了。

9.4.7　如何跟孩子的老师搞好关系

跟老师搞好关系并不难，只需要一个简单的方法：在孩子学习上有所进步的时候，及时地联系老师，表达对老师工作的认可和感激。比如说：孩子考试后，给老师发一条信息或打一个电话，告诉老师孩子在学习上的成绩或进步，同时表达一下对老师工作的认可和感谢。

真实的情感是可以流动的，老师也希望自己的努力被看到。送赞美比送花送礼物要有效得多，不仅可以跟老师拉近关系，还能潜移默化地教会孩子懂得感恩。

📖 9.4.8 为什么要养成阅读的习惯

培养孩子的阅读兴趣和阅读习惯非常重要，这是让孩子受益终生的一个习惯。阅读可以培养孩子良好的语言表达能力，激发学习兴趣，引发好奇心和探索的欲望。孩子读书越多，认知越丰富，语言能力就越强；语言能力越强，他可以掌握的语言就越多，这是个正向循环。语言能力和思维的敏捷也是相互交叉、相互促进的，由此而带来的好处就是孩子变得更加聪明。孩子们有无限的学习潜能，阅读对儿童发育的影响是巨大的。所以，如果只能培养孩子一个习惯，那也应该首先选择阅读的习惯。

📖 9.4.9 怎样让孩子养成爱阅读的习惯

▶ 建议从三个方面培养一个爱阅读的孩子。

第一个方面，给孩子阅读的自由，想读什么书由孩子自己决定。定期带孩子去书店，让他发现想读的书，家长不干涉，更不要硬塞某本书给孩子读。如果孩子因为一本书丧失了阅读的兴趣，得不偿失。

第二个方面，营造阅读氛围，家里要有一定量的藏书。只要有时间，就跟孩子一起阅读，让孩子觉得阅读是很自然的事情。

第三个方面，引导并激发欲望。方法有很多，比如可以提前看与某本书相关的影视剧，再告诉孩子书里面的情节更精彩，比如和孩子争论某本书里的故事情节，还可以让他把他认为精彩的部分讲给你听，不管讲得怎么样，都要使劲地夸他，让他产生成就感和继续阅读的兴趣。

9.4.10　孩子老是写错字怎么办

写错字并不是不认真或不用心，而是孩子模仿能力不够。所以，家长不应该批评或惩罚孩子，而应该用一种更有效和有趣的方法来帮助孩子改正错误。这个方法就是：把找错字当成小游戏。

在孩子写完作业或练习后，不要直接告诉孩子哪里写错了，而是让孩子自己去发现和纠正错误。具体操作方法如下：

找出孩子写错的字，给出一个提示，比如问孩子："这里面有一个错字，你能不能找出来？"或者："这个字你写得不对，你知道正确的写法吗？"

让孩子自己去检查和思考，找出错误并改正。如果孩子找不出来或改不对，可以给出一些提示或线索，比如说："这个字的偏旁部首写错了。""这个字的笔画多了（或少了）。""这个字的读音好像不对。"

当孩子自己发现并改正了错误，及时给予夸奖和鼓励，比如说："你真棒，你找到了错误。""你真聪明，你改对了错误。""你真厉害，你记住了正确的写法。"

通过这样的方法，你就可以让孩子在玩中学，在学中玩，提高孩子发现和纠正错误的能力和兴趣，由此不仅可以提高孩子的写字水平和质量，也可以增加孩子的自信和乐趣。

9.4.11　总夸孩子好吗

好孩子就是夸出来。你期待什么，就会得到什么。盯着孩子的错误，潜意识里面就是期待孩子犯错，好有机会教训一下孩子，那么你满眼看到的就是孩子的缺点。盯着孩子的进步，以表扬进步点代替惩罚错误点，孩子就会给你制造一个又一个惊喜。这样一来，孩子在家长的表扬中取得了进步，家长在孩子的惊喜中获得了反哺，就会形成双方的正向循环。

📖 9.4.12 答题卡涂错怎么办

答题卡涂错了，你可以把它定义为"粗心"，也可以把它定义为"问题"。区别在哪儿呢？如果定义成粗心，那应该怎么改呢？批评孩子一顿？孩子下次该怎么出错还是怎么出错。但是如果定义为"问题"，那么就有解决方法。

答题卡涂错的问题怎么解决呢？第一，卷面不要太潦草，避免找不到答案。第二，不要在选项上打钩，而是在题目前写上大大的选项，防止看错。第三，刻意练习，买标准答题卡，多多练习。关注能改变的因素，问题才会被解决。

📖 9.4.13 如何陪孩子学习

有一位家长，一切选择都是孩子优先。无论孩子做什么，她都花时间陪伴在一旁，照顾得非常尽心，为此牺牲了自己的娱乐时间。孩子上学之后，她每天都陪着做作业。但是当孩子上三年级的时候，她发现，在旁边陪孩子的时候，孩子就会做作业，一走开，孩子就不做了，她很苦恼。孩子认为，妈妈不在的时候还认真学习，那不是傻吗。

所以有时候你觉得是付出，孩子反而觉得是束缚。你付出越多，孩子得到的自由时间就越少，孩子学习上的自主性也会慢慢消失。所以在学习方面，不能完全不管，也不能什么都管，家长最适合的角色就是"学习教练"。家长尽量少管学习内容，但要教会孩子怎么学习，提升自主学习力，站在孩子一边，与孩子共同面对学习上的困难。

9.4.14 为什么只有主动学习才会有好成绩

要想进步就得学会发现问题，并把问题转化成知识。想从外界找到自己的问题比较难，除非是非常高明的老师，有时间也愿意充分了解孩子，在一对一指导的情况下才有可能给孩子指出来。但是你只要能做到"不自欺欺人"，瞬间就能发现问题。为什么家长要适当放手呢？因为家长管得越严，孩子越倾向于隐藏自己的问题来博得家长的表扬，而不会主动发现自己的问题。

9.4.15 孩子叛逆不听话怎么办

有个家长说孩子老是跟自己唱反调，你说东，他偏要往西，很苦恼。说一下我的三点看法。

（1）认识要正确。首先请慎用"叛逆"这个词，你眼中的叛逆其实是孩子心理逐渐成熟的表现。随着孩子自我意识的形成，当环境跟他的自我意识不统一的时候，他就要表达出来。如果你接收不到这种表达，他就会用更极端的情绪或者行为方式来宣泄，就变成了你眼中的叛逆。

（2）态度要冷静。孩子"叛逆"的时候，一定是带着情绪的，而情绪是容易感染的。如果孩子的情绪变化引起你的情绪波动，你就无法去冷静应对，你的情绪又反过来影响孩子的情绪，最后的结果就是火上浇油。

（3）方法要正确。"叛逆"究其根本原因就是"沟通不畅"，要正视孩子的需求，在尊重孩子的前提下尽可能地多跟孩子沟通，要多跟孩子聊"废话"。如果你和孩子能一次闲聊一个小时以上，基本上沟通不会有什么问题。在充分沟通的基础上建立统一战线，因为你们不是敌人，他成长需要面对的问题才是你们共同的敌人。

你不是在教育他，而是帮助他克服成长中遇到的障碍。另外，给他充分的自主权，孩子是一个独立的个体，他有能力也有权利选择用自己的方式去创造自己的生活。

📖 9.4.16　要不要让孩子超前学习

关于超前学习，有些专家说好，有些专家说不好，其实都是片面的。超前学习就是超过学校集中授课的进度去学习。学校的进度是根据平均水平制定的，并不适合每个孩子。每个孩子的发展速度和兴趣不一样，所以要不要超前学习要看孩子自身的情况。比如，如果一个孩子还没有掌握本学期的内容，就没有必要去学下学期的内容；如果孩子对某一科目特别感兴趣，就可以尝试去学更多的知识。我有一个同学从小就喜欢生物，小学就看很多生物书，高考时生物满分。另外，语言类的科目需要大量的积累，比如语文的文学常识、语文和外语的阅读能力和写作能力等，如果孩子有能力和时间，超前学习也是有好处的。总之，超前学习要因人而异，不能一概而论。

📖 9.4.17　孩子写作业总磨蹭怎么办

很多家长都有这样的困扰：孩子写作业的时候总是磨磨蹭蹭，不是找不到橡皮或尺子，就是在本子上画小人，半天也写不完几道题。这让家长很着急，也很生气，经常因为写作业和孩子发生争吵。根据《中国中小学写作业压力报告》显示，每天陪孩子做作业的家长占比高达 78%，75% 的家庭曾因为"做作业"发生过亲子矛盾。那么，为什么孩子写作业会这么磨蹭呢？四个字可以解释：不胜任感。

　　什么是不胜任感？就是孩子觉得自己写不好、写不完、写不对作业，没有信心和兴趣去面对和完成作业。这种感觉会让孩子产生逃避和拖延的心理，导致他们在写作业的时候分心、懒散、无效。相反，如果孩子觉得自己能够写好、写完、写对作业，有信心和兴趣去挑战和完成作业，那么他们就会产生胜任感，这种感觉会让孩子产生主动和积极的心理，导致他们在写作业的时候专注、勤奋、有效。

　　家长如何让孩子产生胜任感呢？只有一个方法可以实现：让孩子产生成就感。一个人的行动力什么时候最强呢？就是做能产生成就感的事情的时候。所以关键就在于"成就感"。家长要学会让孩子在做作业的过程中不断地体验到自己的进步和成功，从而激发他们的动力和兴趣。具体操作方法如下：

　　列一个表格，把作业拆分成一项一项的小任务，每一项都是孩子可以胜任的。每一项任务完成之后，在表格上打个钩，给孩子一个明确的反馈和肯定。比如，你可以说："你看，你已经完成了第一步，很棒！"

　　让孩子持续地产生成就感，直到所有作业全部完成。比如，你可以说："你已经完成三分之二的作业了，再坚持一下就可以了！"

　　通过这样的方法，你就可以帮助孩子将不胜任感转变为胜任感，让孩子写作业的态度从磨蹭变为积极，从厌恶变为喜欢。这样不仅可以提高孩子写作业的效率和质量，也可以增进亲子之间的沟通和信任。